我幫助成長型思維的個人或企業客戶，以最短的路徑
打開他們隱藏的優勢和盲點，通往閃閃發光的道路！

I promise to help growth mindset individuals or
corporate clients, to unpack their hidden strengths
& blind spots, and lead to shine via the shortest path.

人生戰略

人生戰略方程式
升級升維你的閃亮人生

方程式

Life Strategy

啟動天賦x 點燃熱情x 創造價值>>活出人生使命

Talent x Passion x Value >> Mission

推薦序

自序

01
啟動天賦（潛力）你擅長什麼？

02
點燃熱情（驅動力）你喜歡什麼？

03
創造價值（創造力）你能貢獻什麼？

04
活出人生使命 你想要去哪？

05
解密專業人士人生戰略方程式
專業人士一對一教練案例，天賦展現的生動故事

結語

各界專業人士的專文推薦

- 找到人生使用說明書　謝文憲
- 《慢慢走，不一定要飛》和自己比，沒人能比
  郝旭烈
- 站在優勢巨人的肩膀上不畏挑戰　林茂生
- 挖掘內在優勢，重新整理自己的人生　孫秀蕙
- 讓 Sara 帶您找到您的人生戰略方程式　李海碩
- 迷途之光：解鎖人生使命的思考路徑　高永祺

找到人生使用說明書

謝文憲 企業講師｜作家｜主持人

公平™｜行動®｜溝通®｜取悅™｜完美®

　　父親離世前兩個月，擔心他的病情，遲遲不敢答應佩靜的蓋洛普優勢天賦課程。趁著一個週六，狀況穩定，抽空參加她的課程，事隔兩年餘才發現，這個天賦課程，或許是天父給的指引。

　　因為新書《極限賽局》的關係，這幾個月一直奔波與穿梭在各個公開或企業的演講會場間，每位參與者的臉孔，每個動人的故事，每位讀者的回饋，都讓我欣喜莫名，出版第十一本書了，為何我還擁有如此的熱情？

　　大家覺得我演講時好狂熱，我卻覺得自己沒什麼，為什麼會這樣？怎麼都不會累？

　　大家總是問我：「如何從素人變超人？」

　　我的回答總簡單：「我永遠都是素人，但只要上台，拿起麥克風，我才會變超人，而麥克風，就是我的超人披風。」

故事的起點我都寫在書上，不必多言，想用我的故事，印證佩靜的學說。

　　除了大家都看得到我的「溝通」天賦優勢外，我自己非常清楚「公平」、「行動」、「取悅」、「完美」等優勢天賦該如何放大並應用？對於相對弱勢的能力，該如何趨避？我不選擇補救弱點，而選擇積極強化優勢，放大優勢，讓我成為今天的謝文憲。

　　書中針對我個人的蓋洛普測驗，都有完整說明。

　　大家只要記得一件事：「天賦加上刻意練習，才會等於優勢。」至少我是這樣做的。

　　西方俗諺：「人的一生只有兩天，出生那天，跟找到自己那天。」如果這句話是真理，發現自己的優勢天賦，確認自己的使用說明書，就是人生最重要的學習。

　　我比大家還幸運，希望您們看完本書，可以跟我一樣幸運。

《慢慢走，不一定要飛》
和自己比，沒人能比

郝旭烈　財務顧問｜作家｜企業講師

理念®｜完美®｜學習®｜思維®｜積極®

　　記得那個六歲、還沒有上小學的自己，在大過年的時候得了重感冒，並進一步引發了支氣管炎。

　　由於當時居住在鄉下，醫療環境未見發達，沒想到最後竟演變成了長期的過敏性氣喘。

　　也因此造成了在日後，自己整個成長過程當中，只要是需花體力的事情，對我來說都非常吃力。

　　別人跑步的時候，我跟不上；別人運動的時候，我上氣不接下氣；別人大笑的時候，我必須控制住自己的情緒；因為一旦氣喘發作，就是性命攸關的事情。

　　所以在別人眼中，我就從來不是一個好動的孩子。

　　不僅在學校體育課裡，常常是各項比賽敬陪末座，就算是在戶外遊戲各種活動當中，也常常會是

被排擠的那一個。

　　而因為這樣子的關係，我被迫把更多的時間花在靜態的事物上面。

　　不管是音樂賞析、學琴、繪畫、書法、拼圖、積木，甚至是大量閱讀、寫作、詞曲創作，以及就只是靜靜在一旁觀察別人的所作所為，都變成是我的日常。

　　小的時候，一直認為自己這種行為模式，是一種不得不為的選擇，是一種跟不上同儕，落後他人的象徵。

　　畢竟，在沒有辦法像別人一樣的「動如脫兔」的情況下，我就只能被動的成為「靜如處子」。

　　然而沒有想到的是，在校期間書法以及繪畫比賽的頻頻得獎、甚至是成為校際合唱和軍歌比賽指揮，並且帶領著同學們參賽得到冠軍；才慢慢讓我領悟，原來不一定要和別人一樣，也能夠找到自己的價值。

　　後來音樂和詞曲創作，讓我不僅在餐廳駐唱七年，出了一張單曲，還因而結識相當多的音樂家，進一步主持了音樂沙龍、電台節目，並開啟了從音

樂起步的「郝聲音 Podcast」。

　　而從小的閱讀和寫作訓練，也不經意地造就了從來沒有想到過的出版之旅，成就了作家這樣一個角色。

　　才發現，原來透過閱讀、寫作，以及廣播主持，不僅可以幫助我找到自己，更可以讓我在找到自己過程當中，透過手寫文字還有聲音傳遞，帶給別人力量。

　　而也因為這樣帶給別人力量，我看到了自己的價值。

　　更重要的是，每當透過閱讀、寫作和主持的分享，我打從心裡感受到一種幸福的喜悅。

　　從那一刻起我就知道，我找到了我的天賦，我覓得了我的熱情。

　　就像鳥兒不需學會游泳，魚兒不需學會翱翔；兔子樂於疾行，烏龜志在慢活。

　　天生我才，必有所用。

　　或許我沒法像他人一樣展翅高飛，但是我的每一步一腳印，都可以在紮紮實實地往前行中，走出一條屬於自己的路。

和自己比，沒人能比。

就像 Sara 教練所言——

每個人只要啟動自己的天賦，點燃自己的熱情，就能創造自己的價值。

誠摯推薦這本 Sara 教練的好書。

人生戰略方程式：啟動天賦 × 點燃熱情 × 創造價值＝活出人生使命

讓我們一起跟著 Sara 教練，啟動天賦、點燃熱情、創造價值，活出人生使命。

站在優勢巨人的肩膀上不畏挑戰

林茂生 金控公司高階主管｜

領袖 100 導師 & 優勢長｜

美國蓋洛普認證全球優勢教練

理念®｜交往®｜統率®｜專注™｜學習®

　　跟 Sara 一直很有緣，她是我大學廣告系的學妹，也曾經在職場上一起工作，2019 年 6 月，我們還一起踏上北京優勢教練培訓課程、一起上了 4、5 天的課，取得蓋洛普優勢培訓教練的資格，提到這一個學習的旅程，還是 Sara 推著我去上的哩！回顧當時 2019 年 4 月我正結束前一個工作，準備利用接下來幾個月的時間透過獵頭顧問找新工作的時候，剛好發現蓋洛普網站的課程有北京的時段，對我這樣本來就很熱衷蓋洛普優勢理念的人來說很有吸引力，但因為費用很高，培訓加上旅費超過 20萬，當我還在猶豫要不要去的時候，Sara 很堅決地說，「去啊！為什麼不去？我們一起去！」因為被她的熱情督促，也想接下來沒有找到合適的工作，

當職涯教練也是多一個選項，因此，就讓我也步上蓋洛普優勢培訓教練的旅程。

其實在北京的後幾天，已經獲得新工作面試的通知，知道還是會以全職工作為主，所以優勢培訓的教練資格就是工作上的培訓與管理工具，可以更清楚自己、同事、團隊的優勢，最佳化個人與團隊工作模式與效率的方法。但 Sara 回台北後就毅然決然投入專職的教練生涯，一個人開始建立公司、品牌、行銷並發展各式各樣的連結，對於這樣的勇氣與決心，讓已經習慣當上班族被公司庇蔭的我佩服不已。

在工作之餘，我加入領袖 100 公益導師平台，也把從北京習得的優勢培訓技能帶進來，舉辦優勢工作坊、為個別導生解讀報告，讓他們透過對自己優勢的認識，進而知道如何順勢而為，用自己擅長、自然的方式達到成功的目的。在這期間也有導生甚或導師邀請我去企業培訓，我也會邀請 Sara 來跟我一起分攤教學的工作，我也因此有機會觀察及學習 Sara 的教學技巧，很欣賞 Sara 總是能夠用很有創意且生活化的方式解說天賦主題，也總是有

系統、邏輯地運用蓋洛普的工具，表達方式時而輕鬆、時而激勵，讓學生感受她教學的熱情。一樣的教材，每個教練也會因為優勢的不同，而有不同的展現，我看到 Sara 的『戰略』（清晰邏輯表達）、『理念』（創意且生活化解說）、『學習』（教學的熱情），相信在場的學生也能感受到這些特質。

　　Sara 出書了！恭喜她為自己的優勢培訓職涯創造一個里程碑，把這幾年的培訓精華系統性地整理出來，讓更多人分享認識優勢、運用優勢的好處，相信也會加強台灣以及華文市場推廣優勢培訓與應用的力道，讓學生、上班族，以及任何想要更成功、找到更好的自己的人們享受優勢帶來的快樂與成就。

挖掘內在優勢，
重新整理自己的人生

孫秀蕙　國立政治大學傳播學院廣告系教授

學習®｜伯樂®｜溝通®｜體諒™｜回顧®

　　我很喜歡的小說家石黑一雄在 2017 年獲得了諾貝爾文學獎。他在頒獎儀式致詞時，曾經講了一段話，讓我深受啟發。他說：「我要向年輕世代的作家尋求啟發和導引我們。這是他們的年代，他們將會有我所缺乏的，關於這個世代的知識和本能。」

　　我從事教育工作長達三十二年，栽培了無數優秀的廣告傳播人才，蔡佩靜是其中之一。從事廣告行銷業本為佩靜初衷，但她並不以此為滿足，經歷了數次轉職，佩靜接受了嚴格的訓練，終於落腳於「優勢教練」工作。在一次重逢的場合之中，我詢問她的工作內容，並順勢成為她的教練對象。

　　當時的我，除了對於如何挖掘自己的內在優勢感到好奇之外，尋求輔導的主因是「太忙」；我才剛卸下職場裡的行政主管一職。表面上似乎是無事

一身輕，但與此同時，來自老朋友的邀約，卻又讓我陷入無比忙碌的狀態。為了應付這些多出來的新的工作，我變得十分忙碌，幾乎到分身乏術的地步。這對平時已經夠忙的我而言，簡直是雪上加霜。這些多出來的業務，明明都不是我所擅長的，但卻必須花很多時間準備、開會。後來只要看到委託方寄來數百頁的閱讀資料，我就頭痛不已。

我自問：這究竟是怎麼一回事？我有可能掙脫「過忙」的泥淖嗎？

如同石黑一雄所言，五年級生的我應該向年輕世代尋求啟發與引導，因為他們擁有我所缺乏的知識，甚至本能。對我而言，佩靜正是擁有豐富專業知識的年輕世代。在她的引導之下，我先做了蓋洛普優勢測驗，並接受佩靜的諮詢與教練。

透過佩靜詳盡的解說與教練過程，我才逐漸明白，我的五大優勢包含了『學習』、『伯樂』、『溝通』、『體諒』和『回顧』。我長年從事教職，工作的職責之一就是必須持續更新教材與個案。所以數十年來我一直不斷地自我學習，閱讀的範圍十分廣泛，並不限於原有的廣告或公關專長。

我特別喜歡讀歷史和社會議題相關的書，對於日治時期的媒體或設計史研究尤其有興趣，而這又對應到我的『回顧』優勢。

除了擁有強烈求知慾，廣泛涉獵各種主題的閱讀之外，我也是一個善於賞識並挖掘他人潛能的『伯樂』，除了擁有同理心之外，也是一個很好的溝通者。我可以從指導學生的過程裡，辨識出有發展潛力的孩子，給予他們公允的評價，並且持續地去鼓勵、幫助學生成長。

這或許解釋了為何我可以跟某些已畢業多年的系友成為朋友；無論是二十五歲、三十歲或四十歲，當他們離開了學校，在不同的人生階段遇到問題時，我總是很自然地以朋友的身分陪伴他們，給予他們實用的建議，而這也是我人生成就感的來源之一。

認清自身的優勢如何與專業結合之後，佩靜也提醒我，雖然我是一個有強大同理心的教師，能夠設身處地去體會別人的情感，並做出必要協助，但這也有可能會構成問題。因為我也重視『和諧』，希望凡事都能避免衝突、尋求共識，但這會讓我變成一個無法拒絕別人要求的人。我所遇到的問題，

正是「為了保持和諧，無法拒絕別人，因而接了許多不喜歡的工作」。

　　釐清這點之後，我的心情也豁然開朗了。在佩靜的建議之下，我忠於自己的喜好，積極地重新整理工作內容，將原先礙於情面，無法拒絕的重擔辭掉，請更適合的人接手。外人看來或許是小事一件，但對於重視和諧的我，這是何等不容易的事情啊！終於，我又回到了生活的常軌，不再有左支右絀，時間永遠不夠用的感覺。

　　如同佩靜在書中所強調，每個人都是獨一無二的存在，瞭解內在自我特質是很關鍵的，它們既可以幫助我們在人生旅途中成長，但也有可能構成阻礙。身為優勢教練，佩靜的職責就是協助我們認識自己的優勢，並且提醒我們不要「用過頭」。

　　《人生戰略方程式》並不特別強調「成功」，或是如何在競爭激烈的社會裡，成為所謂的「人生勝利者」。這本書重視的是內在的覺察和調整，以自己擅長的方式去成就自我，讓自己活得更開心自在，就能找到「屬於自己的成功方程式」。所以，你準備好了嗎？

讓 Sara 帶您找到您的
人生戰略方程式

李海碩　崴格國際學校總校長

戰略™｜前瞻®｜行動®｜統籌™｜關聯®

我很敬佩的 Amazon CEO 貝佐斯（Jeff Bezos）在經營企業的理念上是長期主義，每當有人問起接下來的十年會有什麼樣的轉變，他總是強調與其聚焦在什麼「會變」上，更應該聚焦的是什麼「不變」。在人工智慧光速發展的時代中，這一、兩年我最常被問到的問題就是學生現在到底該學什麼？而在歷史的長河中，最適合投入的就是這套不變的答案：「學生最擅長、最喜歡、也最能為世界創造價值的事。」而這正是 Sara《人生戰略方程式》大作告訴我們的核心理念。

為什麼要喜歡

為什麼要做喜歡的事？因為唯有當我們做喜歡的事情，我們才能心甘情願地投入更多時間並忍人

所不能忍。在球場上叱吒風雲的籃球校隊選手，即便在跑破了腳底時，三分線破空的弧線會讓汗水淋漓的臉龐上笑容依然驕傲璀璨。愛上寫程式與實驗的孩子常忘記了喝水與吃飯，跑出了結果後只想著怎麼做能再讓數值更好。當我們找到心中所愛，自然能廢寢忘食，而在心流之中提升我們更加優秀的機率。

為什麼要擅長

我很喜歡煮飯，但我在家中煮過一次飯之後，從此我就獲得了不需要再煮飯的特權，因為說實話，我煮的飯連我自己都覺得不好吃。但我喜歡也擅長口語表達，所以我走向了演講比賽競賽的路途，也成功拿下了許多全國獎項。擅長與喜愛，或許並不完全共生，而若您還沒找到，最好的建議恐怕還是 Steve Jobs 那年在史丹佛大學畢業演講的那句忠告了：Keep looking. Don't settle. （繼續找，別停）。而這本書中就教了許多方式，可以讓我們更快找到最獨特的競爭優勢。

如何創造價值

　　在我的教育現場，我常推 80000hours.org 這個網站，因為即便確定了喜歡也擅長擔任軟體工程師，不同單位與產業的軟體工程師在金錢薪酬上的回報與成就感的高低很可能是迥然相異的。這個網站相信只要處理了世界上最核心與急切的問題，自然就能為人類的世界創造出最高的價值，而在解決問題的過程中，世界則會提供相對的回報。每一年這個網站都會更新需要處理的問題面向，2024 年的是 AI 帶來的風險、下一個大傳染病、氣候變遷、強權衝突、與核子戰爭。若能找到自己擅長又喜愛的事物，並讓自己的才能為世界所用，透過創造價值獲取相對應的報酬，那擁有的實在會是非常幸福的人生。

找到屬於您的人生戰略方程式

　　透過本書中精闢的見解與介紹，每個人都能更快地找到最適合自己的《人生戰略方程式》，一個個精采案例與故事，呈現的都是運用自我優勢的高手！願我們都能找到優勢，活出最屬於自我閃耀的樣子。

迷途之光：
解鎖人生使命的思考路徑

高永祺 　Lemon
檸檬知識創新創辦人｜《知識複利》作者

戰略™｜完美®｜交往®｜成就®｜理念®

　　人生使命，或者具體說我們該怎麼活？為什麼
而活？我相信是困擾許多人包含我在內的問題。

　　我們可以從生活中的片段裡，找到一些能觸動
我們的方向，但也許走著走著，又發現這條路似乎
到了盡頭——好像我的人生又不該是這個方向，這種
時而有方向卻又時而迷路的旅途，時常貫穿著現代
人的生活中，我們想要前進，卻又不知道到底該往
哪裡前進才能一直保有能量地前行？

　　最後迷惘者中有的人選擇拚命嘗試、有的人選
擇放棄將就，但不論是哪種，好像都不是對於人生
最好的選擇，因為似乎明明有些人都活在一條充滿
了節奏感的人生方向上，這讓人既羨慕卻又不知道
該怎麼辦。

　　如果這也是你曾經或者正在面對的迷惘，在本

書中從行銷、金融高管到天賦教練的 Sara 正面對決「人生使命」這個巨大又困難的挑戰，Sara 透過對於「天賦、熱情、價值」這三大議題的詳細分享，整理出了一套對於迷惘者可以找到自己「潛力、驅動力、創造力」的思考路徑，而且在書後還提供諸多不同優秀人物的訪談範本，讓你可以參考該如何釐清自己的潛力，將之轉化為自己的驅動力，並應用在現實生活的創造力。參考本書，你一定可以順利挖掘自己的人生使命，過一個清晰有方向感的人生。

各界專業人士短文推薦

劉軒　心理學推廣者｜Podcast 主持人｜作家

　　掌握自己的命運，就從認識天賦開始。期待這本書幫助更多人認識自己的天賦，順勢打造更富足的人生！

塗至道　時尚插畫家｜範時尚股份有限公司創辦人

　　瞭解自己的過程是非常有趣的，就像在課程之前不知道自己其實有「戰略性思考」的天賦，而且這個天賦占有重要的位置。透過與 Sara 一對一教練課程後，我更瞭解自己、發掘自己與生俱來的本能，在未來的發展過程更有信心而且能更加善用天賦。

朱芃穎　Emily｜空姐報報自媒體工作者｜KOL

　　瞭解自己的天賦，是人生最重要的課題之一。無論你最終想達成什麼目標，要先能成為最好的自己！

謝文憲　企業講師｜作家｜主持人

　　西方俗諺：「人的一生只有兩天，出生那天，跟找到自己那天。」如果這句話是真理，發現自己的優勢天賦，確認自己的使用說明書，就是人生最重要的一項學習。

艾兒莎　創業家｜前女力學院共同創辦人

　　在 Sara 教練面前，我的習性與迷惘可以在剖析與引導下，見解得很清晰，讓我自我覆盤能更透徹！

許景泰　商戰 CXO 執行長｜企業顧問

　　天才來自你的天賦潛能，但你若有一位天賦優勢教練成為你的明燈，指引你前方的道路，那 Sara 肯定是最好的伯樂和教練。

在這個混沌、快速變化的時代，Sara 透過她豐富的經歷，結合優勢天賦教練的能力，幫助許多職場上迷惘、受阻、尋求突破，以及未發揮自己最大天賦者，自我察覺，做事、做人都很有極大的助益！

這本書將會是你重新認識自己，發現天賦的最佳指南，我深受啟發，相信你也因本書綻放生命亮光，成就自己也能照亮別人！

吳東翰　doTERRA 台灣創始人成員之一｜消費致富系統專利發明人

參與 Sara 的教練課程和細讀她撰寫的這本書之後，我對這套工具的應用範圍和功能有了更深刻的理解。這套工具不僅實用，而且能夠協助大家清晰地規劃出人生軌跡方向和生命藍圖，我極力推薦給所有尋求生活規劃和個人成長的朋友們。

郝旭烈　財務顧問｜作家｜企業講師

每個人只要啟動自己的天賦，點燃自己的熱情，就能創造自己的價值。誠摯推薦這本 Sara 教練

的好書！讓我們一起跟著 Sara 教練啟動天賦、點燃
熱情、創造價值，活出人生使命。

李海碩　葳格國際學校總校長

　　透過本書精闢見解，每個人都能更快找到最適
合自己的《人生戰略方程式》。一個個精采案例呈
現運用自我優勢的高手，激勵我們活出最閃耀的自
我。

陳素慧　克蘭詩台灣總經理｜
　　　　　美國蓋洛普認證全球優勢教練

　　蓋洛普的優勢領導，破除我們一直以來的制
約，不需要完美，只需要掌握優勢、發揮優勢，找
到互補來管理不擅長的項目即可。好友 Sara 在優勢
領導的基礎下加上自己的經驗，寫下《人生戰略方
程式》的成功心法：掌握天賦，熱情與價值創造三
大面向，成就自在人生。不論在人生的哪個階段，
這本書都值得一讀！

廖博芬　台灣飛軒理總經理

　　每個人都有與生俱來獨一無二的「天賦」，這是我們的「一手好牌」。我們邀請 Sara 為飛利浦家電做了兩次優勢領導工作坊培訓與主管和員工的一對一優勢教練。期間同事們彼此重新認識、也開心分享，同時針對公司正面臨的市場挑戰做實際個案討論，在不同天賦組合之下我看到了前所未有的火花。真的很棒、很有收穫！

黃千容　沃醫學集團執行長｜
**　　美國蓋洛普認證全球優勢教練**

　　你知道嗎？全世界和你擁有相同的前五大天賦的人只有 3300 萬分之一，天賦就像是每個人獨特的ＤＮＡ。在本書中，Sara 教練將帶領您瞭解、鍛鍊天賦，進而成為優勢。如果你對於未來有許多迷惘，讀完這本書，相信未來人生旅程絕對可以讓你重啟熱情、彎道超車。

邱亮士　Alpha plus DEI 加速器共同創辦人

　　人生最大快樂不是達標，而是找到天賦，勇敢重新來過，我在 Sara 身上看到了這個過程，相信你也能從這本書得到力量。

李宛芸　台灣奧美集團顧客體驗諮詢顧問副總｜美國蓋洛普認證全球優勢教練

　　人生要過得快樂自在，就要有好的戰略方程式。Sara 教練發揮了她自身的戰略優勢，分享讀者如何找到熱情、活出人生的使命。

吳怡倩　法國台灣女力新知會共同創辦人 & 會長

　　細心品味這本書賦予的力量，不經意地讓我回想起女力從無到有，創立時期就是許多有這樣特質的女性參與並一起斜槓。短短三年內大家用自己的天賦及無私的熱情，讓我們有機會創造協會的共通價值，而這份成就感，是無價的。謝謝 Sara！讓大家看到成功幸福的方程式，原來在於獨特的你／妳，自己的抉擇。

人生的重新啟動：
如何用天賦、熱情、價值找回自己

勇敢追隨內心聲音的求學和職業之旅

　　從求學、求職一路走來，我一直都順從自己的內心聲音。高中時，我沒有盲目地追求排名靠前的學校，而是選擇了一所我認為非常民主自由的內湖高中。在大學時，我也不受限於社會期望，選擇了政大廣告系，而不是追隨大多數人會選擇同分的台大中文。這需要極大的勇氣，堅守自己的信念，不受外界的影響和左右。

　　我的職業生涯一直以來都充滿了冒險和轉變。無論是從廣告行業開始，然後轉戰數位傳播領域，再後來轉向企業端，專注於品牌和行銷，每次轉職對於外界來說都被視為大膽的決定。我總是勇敢地選擇先辭去工作（裸辭），然後尋找下一份工作。當時，我幾乎每次都跨足不同的領域和產業。我清

楚地知道自己想要什麼，以及不想要什麼，所以必須全身心地去追尋心中理想的工作。我對自己的能力充滿信心，不擔心無法找到一份喜愛的工作，只是無法預測需要多長時間。

在這個尋找的過程中，我也經歷了一些放慢腳步、探索自我的時期。雖然這段時光在外界看來可能是浪費，但對我來說卻非常寶貴。這些時光讓我有機會與自己對話，探索自己內心真正想要追求的事物。透過閱讀、參加各種活動，我得到了靈感，未來的方向也變得更加清晰。

因此，我一直不太在意主流價值觀，而是傾聽內在的渴望，堅決活出自己的理想和自由。就像現在擔任優勢教練的角色一樣，我每天都非常享受所做的工作。擁有一份自己熱愛、擁有熱情且擅長的工作，充滿無比的幸福感。

然而，你們可能不會相信我過去也經歷了一段極度低潮的時光。曾經，我在工作上的某段時間，深受失眠、恐慌、焦慮和憂鬱所困擾。原本熱愛學習的我，那段期間竟然對許多事情都提不起勁，甚至連陪女兒說故事的能力也喪失了。我經歷了大約

半年的低谷，甚至還在生日當天首次求助了身心科醫生。我的生活痛苦不堪，更別說是做自己。因此，我能深刻理解失去力量和健康的那種無助和無力感。

離開那份工作後，我有機會前往北京參加蓋洛普優勢教練的培訓課程。這個科學工具令人信服，它解密了我們與生俱來的力量，就像天賦的ＤＮＡ密碼一樣。透過線上測驗和深入的覺察與應用，我們便可以有意識地實踐這些天賦，讓每個人展現出他們獨特的光芒，並快速走向卓越。這也是我決定成為一名教練的契機，先幫助自己找回力量，再幫助他人找回他們的力量。

無法做自己竟然與工業革命有關

然而，要發揮我們的力量之前，我們必須先找到自己，並成為真正的自己。這看似簡單的任務實際上是人們生命中最困難、距離最遙遠的目標之一。為什麼做自己變得如此艱難？原因與工業革命有著密不可分的關係。

現代教育體制的起源可追溯到約在 1845 年前

後，它是工業革命的產物。其目的是培養出容易管理且具高生產力的工人，導致基礎教育漸漸變成了一種職前訓練。在這個過程中，那些可以提高生產效率的技能，如數學和計算能力，變得至關重要，而藝術、音樂等無法立即量化或產生直接效益的特質則經常被忽略，甚至被邊緣化。或許你還記得在童年時，美術和音樂課常常被迫用來填補其他學科的缺口，如國文、英文和數學，這是因為教育體制專注於培養特定的技能所致。

因此，我們從小就被訓練成了應付考試的機器，被迫學習相同的技能。這種教育環境限制了我們發現自己的機會。我們無法真正瞭解自己是誰，擁有哪些獨特的特質，因為環境並不鼓勵這種自我探索，更不用說開發和發揮我們天生的潛力了。

不過，**世界知名的研究機構蓋洛普已經證明，每個人都是獨一無二的存在。模仿他人或試圖彌補自己的弱點只會使我們越來越遠離成功。**真正能夠展現我們巨大潛力、幫助我們找到解決問題方法的能力，其實是潛藏在我們每個人之中的天賦。**只要好好發揮天賦，每個人都能成為閃閃發光的寶石。**

克服內在障礙，找回真正的自己

　　然而，在我們能夠找回真正的自己之前，我們必須先清除可能困擾我們的障礙物，就像一顆寶石表面可能布滿了髒汙和灰塵一樣。我們的成長歷程、原生家庭背景、內在小孩、性格特質、觀點、信念、潛在信念、價值觀、熱情等等，都是構成我們的重要元素，正是這些因素賦予了我們獨特的特質。然而，負向的潛在信念卻經常成為我們生命中的阻礙，讓我們感到困惑、痛苦和困境。

　　在離開上一份工作後，我開始關注靈魂療癒和自我覺察。透過探索內在小孩 (註1) 的問題，揭示了我身上的負向潛在信念，並開始療癒他們，我才能夠清除這些內心的障礙，不再受其困擾。許多問題一旦找到其根源，我們就能夠轉變觀點，釋放這些問題，不再讓其困擾我們。這個清理過程非常重要，它為我們找回自己的本質奠定了基礎。每個人的負向潛在信念也都是獨一無二的，因此我們必須深入追根溯源，找到它們，然後將其排除。

....
註1：內在小孩是一種心理學概念，指的是一個人內心深處保留了童年時期的情感、記憶和經驗的部分。

只有當我們勇敢地面對這些阻礙我們的負向潛在信念，如不自信、不信任、自我否定、負罪感、愧疚感、恐懼、憤怒、仇恨、索求、無力感等，並選擇拋棄它們時，我們才能清空內心的垃圾，擺脫無限的問題循環。

發現內在力量：
縮短尋找人生方向的困惑時期

清理完這些阻礙我們的絆腳石之後，就要開始來找回已經在我們身上最強大的內在力量。

每個人都是獨一無二的個體，有些與生俱來的特質其實是被設定好的而且每個人也大不相同，例如ＤＮＡ、血型、指紋、天賦等等。既然，我們已經有一些被內建好的程式，那麼何不去發現它、探索它，看看我們是如何被設定，搞清楚遊戲規則、研究好我們的原廠設定和使用手則，我們就更有機會幫助自己發揮出最大效能。

成為一名優勢教練後，我遇到了許多 coachee（受教練者／被輔導對象）也面臨著類似的困惑，他們對於未來的職涯、人生使命或目標感到迷惘，

不知道自己擅長什麼？甚至不確定下一步該朝哪個方向前進。他們希望透過我的教練過程來找到方向。

就像我過去每次轉職後的空窗期，都在思考自己的人生使命是什麼？應該從事什麼樣的工作才會覺得有意義。當時，我透過放空、多方探索和學習來尋找靈感和方向，通常需要花上幾個月，甚至一年的時間，才能有所領悟。然而，必須坦率承認，這個過程有點冗長，需要花費相當時間來深入探索和思考，而且，也不是每一個人都有這樣的時間資源和餘裕可以來慢慢找答案。

因此，在過去幾年當中，為了幫助大家不用像我過去那樣耗費漫長的時間精力來找方向，我研究出了一個更快速的方法，可以幫助大家找到人生藍圖。透過探索我們內在核心元素的交集點，我們能夠勾勒出一個清晰的人生使命輪廓，而這可以透過一個簡單的方程式來實現，從而縮短我們的困惑時期，並利用我們的內在力量，加速定位與找到人生方向，活出人生的意義與價值。

人生戰略方程式：
啟動天賦 × 點燃熱情 × 創造價值
＞＞活出人生使命

　　這就是我在 2021 年 9 月疫情期間研究出來的人生戰略方程式，當時也發表於我的 saratsai. lifecoach 教練公開 IG 帳號上。受我自己排名第一的『戰略』天賦的驅動，我特別喜歡研究最短、最佳路徑，透過化繁為簡的方式來幫助自己和大家更有效率地取得成功。天賦，是我們與生俱來做得比別人好也擅長的能力。熱情是會讓我們廢寢忘食、會一直有興趣想要做的事。價值是價值觀與想要創造和帶給別人什麼價值。

　　透過這三個交集點（天賦、熱情、價值），我們就能輕鬆找出既擅長、又有熱情、並且能帶給別人價值的那個方向、那份工作、那個使命。一旦這個內在燈塔確定了之後，我們便找出了自己的人生使命，那個可以照亮自己也照亮別人，既有能力又能做得開心的角色，然後往這個方向前進。

　　自從 2021 年底開始，透過與生生品創合作在政大校園舉辦的『生命藍圖探索工作坊』、2022、

2023 年 1 月女力學院的『軟實力 - 實踐天賦閃閃發光』課程與 2022、2023 年中內湖高中『做自己的人生領航員』等公開演講或課程當中，我教導了數千名學員使用這道公式來找到人生方向。令人欣慰的是，許多人真的透過這個方法仔細思考自己的能力（天賦）、有興趣做的事情（熱情所在）以及價值觀和想要帶給別人的價值，找到了人生的目標和意義。他們興奮地與我分享了他們所找到的人生使命，我也為他們感到非常高興。

如果你仍然在迷惘人生的下一步，透過本書，我將詳細引導你仔細探索這三個已經存在於你身上的元素，一步步找到屬於你的人生戰略方程式。脫離外在的標籤（學歷、職稱、成就、權利、地位等）的束縛，我們能夠回歸本質，思考沒有了名片後，自己究竟是誰？

向內走，我們就能夠探索自己是誰、我們要前進去哪裡，以及我們可以創造什麼價值來貢獻給世界，並找回自信與安定的力量，更從容地面對不確定性，繼續前進。

佛教的「本自俱足」也提醒著我們，其實我們

的內在什麼都不缺，不需要去計較外在的得失。因此，我們的內在已經完整無缺、毫無不足。所有的能力都已經儲存在我們之中，現在，只需要找回被遺忘或隱藏的能力而已。

　　發現上天賜予我們的禮物，永遠不會太晚！而最強大的力量，早已都在我們自己身上。打出好牌、活出人生使命，你的每一天都將過得踏實、精采、更有意義！

人生戰略方程式

啟動天賦 × 點燃熱情 × 創造價值

>>活出人生使命

**熱烈參與、喜歡到會廢寢忘食去做的事，
一旦投入就會捨不得停下來。**

與生俱來比別人擅長
且做得又快又好的能力。

價值觀與可以
提供給別人的價值。

- 天賦、熱情與價值的交集點
- 是一種頻率、忘我、渾然天成的完成
- 與自信、勇氣、創造力、大愛有關
- 靈魂原廠設定讓你完成的任務（天生的使命）

本書所提到的天賦將會以蓋洛普所定義的天賦舉例
示範，相關資訊可參考蓋洛普官方克利夫頓優勢網
頁 https://www.gallup.com/cliftonstrengths/ 或
Sara 教練網站 saratsai.com 瞭解更多。

想瞭解更多 Sara 從職場高階經理人轉變成為優勢
教練的心路歷程，也歡迎收聽『微笑莎拉探險趣
podcast』 EP16-18 的三集節目專訪。

01

啟動天賦（潛力）

你擅長什麼？

1-1 激發你的天賦：
深入認識獨特的自己

1-2 天賦使用策略：
提升能力的關鍵因素、克服盲點與弱項

1-3 揭開真實的面紗：
找回真正的自己，定義屬於你的成功

1-4 實踐你的天賦：
成就你自己，永遠不嫌晚

01
啟動天賦

　　歡迎來到尋找人生戰略方程式旅程的起點。這一章將引導你深入探索你的潛力和天賦，並解開成功的祕訣。首先，我們將學習如何發現和喚醒你的天賦，並深入瞭解你自己。我們將討論提升能力的策略，同時克服可能的盲點和弱項。接著，我們將重新思考成功的定義，以確保它與你的價值觀和內心需求相符。最後，將講解實現你的天賦的步驟，無論你的年齡或背景如何。啟動內在潛力，爲未來的成功之路鋪平道路。現在，就讓我們一同展開這段令人振奮的旅程！

1-1 激發你的天賦

深入認識獨特的自己

　　每個人都擁有獨特的才能和潛能，但往往被日常生活的喧囂所掩蓋。我將引導你透過反思和實踐，重新認識那個真實的自己。透過認識自己的獨特性，你將能夠釋放你的潛力，找到真正的生命目的。

探索你的獨特性

　　在這個充滿挑戰和機會的世界中，每個人都擁有無限的潛力和獨特的天賦。然而，我們常常對自己的天賦瞭解甚少，更不知道如何充分發揮它們。我將引導你瞭解如何激發天賦、深入認識自己，以及如何將這些天賦轉化為成功的關鍵元素，無論是在個人生活還是職業生涯中。

　　在每個人心中，都存在著一份獨特的禮物，等待著被打開。這份禮物可能是你的創造力、領導能力、創新思維，或者其他能讓你充滿熱情和滿足感的特質。然而，要發現這份禮物，首先需要瞭解自

己。深入探索個體獨特性是你的必修課程，因為每個人都是地球上唯一的存在。

讓我們一起開始這個關於天賦的探索之旅，發現你獨特的禮物，並將它們融入你的生活，實現更大的成就和意義。無論你是一位企業家、一位職場工作者、專業人士還是學生，瞭解天賦都將為你提供深遠的價值，幫助你更好地認識自己並發揮潛力。

現在就讓我們一同探索，激發你的天賦，認識獨一無二的自己。

探索個體獨特性

每個人都像一本獨特的書，包含著自己特有的故事、特點和潛力。但是，要瞭解自己的獨特性，我們需要將這本書打開，一頁一頁地探索。個體的獨特性質可能包括性格、價值觀、天賦和生活經驗等。這些質素結合在一起，使每個人都能成為一個獨特的存在，為世界帶來美好。

例如，我非常欣賞時尚界的傳奇人物，克里斯汀·迪奧先生（Christian Dior）。他在時尚界留下了自己獨特的足

跡，成為了引領時尚潮流的關鍵人物。我曾於 2023
年在巴黎參觀迪奧藝廊的展覽，深刻瞭解他的生平
故事，這次經歷讓我深深感動和獲得啟發。

　　儘管童年時期便展現出對藝術的熱愛與才華，
但是在父母親的期望下，他進入巴黎政治學院就
讀，直到父親的生意也宣告破產讓他得以重拾畫
筆，開始繪製服裝畫與設計帽飾，成為他邁向服裝
設計師之路的重要轉捩點。

　　在二十世紀中期，時尚界充斥著戰後復興的渴
望，迪奧的設計風格在這個時期脫穎而出。他的服
裝設計強調女性的柔美和優雅，重新定義了時尚、
突破了當時的束縛，還突顯了女性的優美特質。迪
奧並不僅僅是一位時尚設計師，他還是一位充滿創
意和對生活充滿熱情的藝術家。他對畫畫和花藝都
有著濃厚的興趣，這種對自然的熱愛和獨特的感知
成為了他設計風格的一大特點。

　　每個人都擁有自己獨特的視覺、感知和表達方
式。迪奧先生的獨特性格使他在時尚界獨樹一幟，
同時也啟發了無數後輩。他的故事告訴我們，獨特
性是我們的禮物，可以幫助我們在生活中脫穎而

出，同時也爲世界帶來美的綻放。

自我認識的重要性

　　瞭解自己對於我們的生活至關重要。當我們瞭解自己的價值觀、興趣和天賦時，我們更容易做出適合自己的選擇，並找到生活中眞正對我們有意義的事情。自我認識還有助於我們更好地應對挫折和困難，因爲我們已經充分瞭解自己的強項和弱點。

　　透過自我認識，我們能夠更好地啟動我們的天賦。當我們瞭解自己的天賦和潛力時，我們可以更有效率地追求我們的目標和夢想。例如，如果一個人發現自己在溝通和領導方面有卓越的能力，他可以尋找能讓他充分發揮這項能力的工作來展現自己。這樣的自我認識不僅有助於個人成長，還能夠爲社會和世界帶來積極的影響。

　　因此，自我認識是啟動天賦的重要一步。它是探索我們獨特性的鑰匙，幫助我們瞭解自己，找到我們的熱情，並在生活中發揮我們的潛力。

認識自我的工具選擇

　　認識自己的工具相當多元，有些是透過先天的生日時辰來找出你的原廠設定，例如星座、八字、紫微、人類圖等等。另一種是後天用測驗的方式做評估，像市面上有很多人格測驗的工具都屬於這一類。

　　每一種工具都有它的參考價值，以先天的工具來說，我個人覺得人類圖對我的幫助很大，理解之後確實會有種恍然大悟的驚喜，之後我就順著自己先天的設定來回應世界和工作生活，真的順遂和輕鬆許多，瞭解這些對我的人生藍圖與未來方向也帶來願景和信心。

　　如果針對後天的測評工具，很多人常問我哪一種工具比較好，或是它們有什麼差別？說實在的，我沒有機會也沒力氣研究所有工具，但通常我會建議大家參考以下幾個評估的標準作為判斷。

1. 獨特性：測驗結果相同的比例機率有多少？

　　如果我們相信每個人都是獨一無二的個體，那麼相同的比例越高，就越無法幫助我們找出自己的獨特性和差異。以蓋洛普優勢來看，每個人測驗出

來的前五大天賦幾乎都不相同，要找到排序一樣的機率是 1 ／ 3300 萬，完整 34 天賦排序一樣的機率是 1 ／ 296+26 個 0 喔，這個結果真的可以說是我們的天賦ＤＮＡ，因為世界上幾乎找不到和你一樣天賦排序的人。

2. 權威性：測驗是由哪個機構所發明的？

蓋洛普優勢是由全球最大的研究調查公司，透過諾貝爾級專業的研究人員根據世界上 200 萬名成功人士所研究發展出來的測評，信度和效度都值得信賴。

3. 普及度：目前全世界有多少人做過測驗？

優勢測評全球截至 2024 年 1 月已經超過 3100 萬人使用，而全球 90% 的財星五百大企業也在廣泛運用它在幫助員工和團隊發展，是非常普及與權威的測評和能力提升工具。

綜合以上的觀點，**蓋洛普優勢測評是我目前最喜歡和最推崇的後天人格測評**，也正因如此，我開始走上優勢教練這條道路，幫助大家更有效率地找回自己與生俱來的優勢，讓自己閃閃發光。

就在 2023 年六月，我去參加了蓋洛普每年的

Gallup At Work 高峰會，有機會參觀蓋洛普總部和聽了深度的導覽之後，又更瞭解蓋洛普先生創辦民調公司的起源與和 Don Clifton 博士 (註2) 一同發展出這個廣受世界歡迎的優勢天賦工具的故事，對他們兩位和這家公司幫助人類與世界進步的貢獻深感佩服。

用蓋洛普測驗挖掘天賦的好處

蓋洛普測驗能讓你找到「天賦」，也就是找到你最擅長、自然而然產生的思考、感受、行為模式，並能高效運用。根據研究，**透過天賦來發揮優勢，是所有提升能力方法中最有效率、CP 值最高的方法，它讓你不再被「勤能補拙」的觀點所限制，發揮強項反而才是邁向成功卓越的唯一途徑。**

可以說，善用天賦發揮優勢的人將如魚得水，不斷擴大自己的舒適圈；而忽略個人優勢，不斷強化弱點的人，會因內耗而難以成為理想中的自己。因此，與其浪費時間克服自己的弱點，不如去解密

註2：「優勢心理學之父」，是一位心理學家和企業家，創建了著名的 Clifton Strengths 評估工具，旨在幫助人們識別和發展他們的天賦優勢。

上天給予我們每個人的禮物——「天賦」。

蓋洛普測驗結果是什麼？天賦就是現象下的底層邏輯

那麼，到底蓋洛普測驗結果爲何呢？事實上，蓋洛普優勢測驗的結果爲每個人的 34 項天賦主題的排序，而每項天賦主題又分別屬於四大優勢（戰略思維、關係建立、影響力與執行力）領域的其中一項，除了天賦排序之外，知道自己的優勢領域排序也相當重要。

通常，簡單的測評只會告訴你結果，但不解釋爲什麼你具有特定的優勢。然而，蓋洛普優勢不僅總結你的優勢領域，還提供了你每個優勢強項的底層邏輯。因此，擁有相同優勢領域的人，他們的成功之路仍然是不同的，因爲底層的天賦組合是獨一無二的。

雖然蓋洛普將天賦分爲 34 個主題，但每個主題的具體表現和應用都有很大的差異，這取決於你的個人經歷和情境。因此，**投入時間精力深入探索你的天賦主題和自身經驗的關聯性，而非停留在理解天賦的表面意義上，才能更好地學習如何應用你的優勢，並更靈活地掌握它們。**

當我們勇敢地打出手上的天賦好牌，展現我們的優勢時，我們才能在人生的遊戲中獲得更多勝利。所以，不要害怕發揮你的天賦，因為你的優勢就是你的 troef（王牌）。

1-2 天賦掌握策略

提升能力的關鍵因素、克服盲點與弱項

　　要提升自己的能力，首先必須深刻理解能力是由什麼組成的。一般而言，能力的結構可以歸納為三個主要元素：知識、技能和天賦。這三個元素共同構成了我們的能力，就像一座金字塔，知識位於頂端，技能處於中層，而天賦則扎根在底部。

能力組成三要素

知識

　　知識位於這個金字塔的最頂層。它代表著透過經驗、學習和思考所獲得的對特定領域的瞭解。知識是可變的，也是相對容易取得的，因為人人都能透過後天的學習不斷充實自己的知識。特別是在這個數位科技盛行的時代，我們所擁有的知識在一瞬間可能被網路一秒超越，這也顯示知識的可替代性日益增加。

技能

　　技能位於能力金字塔的中間層。它泛指那些需要經過學習、訓練或實務經驗積累的能力，通常也包含了專業技能。與知識不同，技能不是那麼容易改變的，但只要肯投入時間和努力學習，我們通常可以掌握某些技能。它們處在知識和天賦之間，讓我們在特定領域中更有實踐能力。

天賦

　　天賦是能力金字塔的基底。它代表著我們內在自然而然產生的思考模式、感受和行為。因為**天賦是與生俱來的，成年之後要改變它們的程度相對較小，也相對困難，但它們卻是整體能力的最關鍵因素**。天賦是老天的公平贈予，每個人都擁有自己獨特的天賦和非天賦，所以不需要擔心是否缺乏天賦。重要的是要瞭解自己的突出天賦和非突出天賦。

發揮天賦的重要性

　　如果你渴望以更高的效率提升自己能力，那麼**天賦無疑是其中最核心的關鍵**。天賦的運用可以使

你在特定領域達到卓越表現，但這需要你認識自己的天賦、有意識地加以利用並將其轉化為優勢。當你在某一領域發揮天賦時，再結合後天學習的知識和技能，你將能更有效地提升自己的能力。

以「溝通」天賦為例，如果你擁有出色的溝通能力，這表示你天生善於以言語表達想法並解釋事物。要發揮這一天賦，你可以有意識地尋找機會來運用它，並學習更多有關溝通、演說的知識和技巧。通過這樣的方式，你可以在溝通領域中變得卓越，並將這一項力發揮到極致。

為何不要過度關注弱項？

在過去的教育體系中，我們常常被教導應該關注和改進自己的弱點，這種觀點根深柢固，似乎也很合理。然而，根據蓋洛普優勢心理學的研究，專注於發揮優勢，而不是過度強調弱點，更能幫助人們實現卓越。關注弱項會帶來以下可能的限制：

降低自信心

過度關注弱點可能會導致自信心下降。不斷強調自己的不足之處，讓人感到自己不夠好，這可能

對自尊心和情感健康造成嚴重損害。

浪費時間和精力

　　嘗試改進弱點需要大量的時間和精力。然而，這些資源可能更有價值地用於發展你的優勢和天賦，從而提升自己在某個領域的表現。

限制潛能

　　過度關注弱點可能限制了你的潛能。當你將大部分時間投入到克服弱點上時，你可能無法充分發揮自己的優勢和潛力。這就像試圖讓一條魚爬樹一樣，效果有限且徒勞無功。

　　補救弱項天賦並非不可以，只是非常困難而且成效不彰。正因天賦是一種自然而然產生可被高效率利用的思考模式、感受和行為，因此，你很難靠後天去改變它。就算透過努力去改善，也只能達到普通、平庸的水準，並無法讓你變得優秀。

　　關於弱項或非優勢天賦（你天賦排序倒數的那幾個），我們所能做的最好策略就是去做損害控制管理，讓它們對我們造成的負面影響降到最低，尋找這類天賦突出的人來合作和互補即可。

　　真正的有效率的方法是，將每個人都具備的天

賦鍛鍊為優勢，讓自己在特定領域持續達到近乎完美的卓越境界，而這也是大多數人想追求的成功境界。**把時間力氣花在補救弱項上很可能只會讓你越來越沒有自信，反而會一事無成。**

發揮優勢和天賦能帶來的好處

自信和滿足感

當你發揮優勢和天賦時，你會更自信，因為你在這些領域表現出色。這種自信可以激勵你去追求更高的目標，並在工作和生活中感到更滿足。

提高效率

關注優勢和天賦能夠提高你的效率。你在這些領域可能能夠更快、更有效地完成工作。這樣你就有更多的時間和精力去追求其他目標或提高其他能力。

改善人際關係

每個人都有不同的優勢和天賦，這使得團隊合作變得更加多樣化。透過發揮自己的優勢，你可以更好地與他人合作，形成協同效應，使整個團隊更強大。

天賦用過頭也會帶來大災難

很多人的迷思是，既然天賦這麼重要，那應該就要來盡量使用、用越多幫助應該也會越大。但事實是，**天賦的使用也需要掌握和拿捏得宜，過猶不及都會帶來反效果，一旦用過頭就會對我們造成阻礙，反而會變成絆腳石。**

每個天賦都是雙刃劍，因此，適度使用天賦和優勢是至關重要的。這意味著你需要識別何時應該依賴某個特定天賦，何時應該尋求協助或平衡其他方面的能力。

舉例，當競爭天賦用過頭的時候，你在挑選工作上可能就很容易挑到市場上熱門但你不見得喜歡的工作，只因為你覺得自己好像也可以勝任就去投入。又或是審慎天賦用過頭，就會太害怕風險遲遲不敢行動而忘了去評估風險的機率有多高，往往就會拖累行動力而讓自己裹足不前。又或是，如果行動天賦用過頭，可能會產生思考不夠謹慎，導致容易做錯誤的決定而需要花更多的時間重來和善後。

每個天賦都是中性的，但也很有可能用過頭對我們造成阻礙而不自知。尤其是排靠前的天賦更是

如此，因為，排越前面的天賦出現在你日常的頻率就會越高，用過頭的比例也會相對地增加。

　　總結來說，發揮優勢和天賦是提升自身能力的關鍵。運用優勢能夠提高自信、效率和滿足感，而過度關注弱項可能限制你的潛力。然而，我們也應該謹慎使用天賦，以免它們變成阻礙。在發展自己的能力時，取得平衡是很重要的。

天賦平衡與掌握是通往卓越的關鍵

　　要提升自己的能力，瞭解自己的知識、技能和天賦非常重要。天賦是能力的基石，但也需要有意識地加以發揮，並避免過度使用。專注於發揮優勢，而不是過度關注弱點，是實踐卓越的方法。透過平衡和適度地使用你的天賦，再結合後天學習的知識和技能，你將能更有效地提升自己的能力，完成目標。讓我們發掘並運用自己的天賦，讓它們成為我們成功的助力。

　　在你的成長過程中，不要忽略天賦、技能和知識的重要性。這些元素共同構成了你的能力金字塔，瞭解它們並合理運用，將使你在工作和生活中

更加卓越。而要記住，**你毋須擔心缺乏某個天賦，因為每個人都有自己獨特的組合，而正是這些獨特之處構成了你的個人魅力和價值。**

願你能夠發掘並充分發揮自己的潛力，實現更多的目標。

1-3 揭開眞實的面紗

找回眞正的自己，定義屬於你的成功

在當代社會，外界成功的迷思滲透著我們的生活，對於個人成長和幸福感構成威脅。這些迷思讓我們將成功定義爲擁有物質財富、社會地位和外表完美的人。然而，這種迷思實際上是如何形成的，以及爲何這種定義不應該被視爲唯一的成功標準呢？

外界成功的迷思

社會壓力是外界成功迷思的主要根源之一。我們生活在一個充滿競爭和比較的世界，經常被鼓勵追求更多、更好、更大。這種競爭和追求不斷驅使我們相信，只有達到一定的物質財富和社會地位，我們才能算是成功的。

然而，這樣的思維方式讓我們忽略了一個重要的事實，那就是成功的定義因人而異。每個人都有自己獨特的價值觀、夢想和需求，因此，**一個統一的成功標準無法適用於所有人。外界成功的迷思不**

僅對個人造成壓力，還剝奪了我們找到自己眞正的機會。

社群媒體的影響

社群媒體的興起對外界成功的迷思產生了巨大的影響。許多人在社群媒體上分享生活的精采時刻，這可能讓其他人誤以爲他們的生活一直如此完美。然而，這忽略了每個人生活中的挫折和困難。我們必須記住，社群媒體上的照片和故事只是冰山一角，而不代表一個人的完整生活。

菁英主義也是外界成功迷思的一個問題。這種思維方式讓我們相信只有一小部分人才能達到成功，而大多數人註定會處於較低的社會階層。這不僅對個人造成了壓力，還對社會和經濟體制產生了負面影響。

心理健康的影響

外界對於成功的迷思對心理健康產生了負面影響。當我們將自己僵化成一個符合標準的形象，而不是追求眞正自己的夢想和需求時，我們可能會感

到焦慮、憂鬱和自卑。這種對外界期望的追求也可能導致工作壓力和人際關係的破裂。

健康、幸福和成功的關係

外界成功迷思也忽視了健康和幸福對於成功的重要性。成功不應僅僅衡量財富和權力，而應該包括身體健康、心理健康、家庭關係和個人滿足感。當我們將成功與這些因素結合時，我們更有可能達到全面的幸福感。

深入理解這個迷思的形成和影響，有助於我們更好地應對社會壓力，並重新定義成功的概念。透過將成功與健康、幸福和個人價值觀相結合，我們可以實現更有意義和豐富的生活，超越了表面的物質追求，並尋找到真正的自己。這將帶來更持久和更深層次的成就感。

成功的個人定義

要擺脫外界成功的迷思，我們需要勇敢地挑戰社會壓力，重塑成功的定義。成功應該基於我們的價值觀、需求和夢想，而不是基於外界的期望。這

種新的定義可能包括尋求更有意義的工作，追求個人興趣，或者建立健康的人際關係，也可以是擁有平衡的生活、實現夢想、對社區做出貢獻，或者是達到內在和平。

你想要成為什麼樣的人、過什麼樣的生活、做什麼樣的事會獲得滿足，這些才是屬於你的成功指標，而不是活在外界或別人的期望中。當你透過天賦、熱情和價值，找到了你的人生意義和使命，不論是走在這條道路上，或是已經實踐或完成它，這就是你的成功。

成功與個人價值觀

成功，只和你自己的追求有關，和別人的期望無關。當你能專心聚焦在自己的渴望和追求上，你就能更堅定地往自己的目標和方向前進，而不會受外界成功的迷思所干擾和分心，因為別人眼中的成功其實和你一點關係也沒有。

別人的成功無法複製

也正因如此，別人的成功是無法複製的。因為每個人的目標不同、天賦特質不同、外在環境不同，因此所有的路徑都是獨一無二的，也無法被複製和取代。當你認清這個事實之後，再也不需要去費心研究和模仿別人的成功方式，因為那些也跟你無關。

每個人獨特的思考、感受和行為，造就出他獨一無二的決策和行動。也因此，天賦無法學習和模仿。你唯一的策略就是，專心研究和認識自己的天賦和非天賦，認真打磨老天給你的寶貴資源，好好善加利用，**將天賦發揮成優勢，創造出專屬於你的成功方程式。**

擴大舒適圈自在做自己

專注發揮自己的天賦，將其打磨成優勢，將已擅長的領域提升至更高的水準，這就是擴大你的舒適圈。透過專注發展自身擅長的領域，你能夠將自己的能力邁向更廣闊的境界，不斷擴大自己的能力邊界。千萬別再使用那種無效的策略，試圖跳脫自

己的舒適圈，力圖彌補自己的弱點。正是因爲你選擇了擴大自己的舒適圈，所以你的能力會得到更輕鬆、更自在的提升，而不像跳脫舒適圈那樣，被迫去做自己不擅長的事情，不僅痛苦萬分，最終還可能會一事無成。成功取決於選擇的方向，找到適合自己的賽道，你將更容易、更輕鬆地抵達成功的終點。

回歸自我，選擇內在滿足

在重新定義成功的過程中，我們可能會遇到外界的壓力和反對。家人、朋友和社會可能會不理解我們的決定，但我們應該勇敢地站在自己的立場上，捍衛自己的眞實價值觀。

最終，重新定義成功是關於選擇內在滿足。當我們找到眞實的自己並追求眞正重要的東西時，我們會感到更加充實和快樂。這種內在滿足比外界的成功標準更有價值，因爲它建立在對自己的眞實需求的尊重上。

外界成功的迷思可能會將我們引入一個看似成功但內心空虛的方向。爲了實現心理健康和內在滿

足，我們必須勇敢地挑戰這些迷思，並重新定義成功，以符合我們的獨特需求和價值觀。找到真正的自己，定義自己的成功，這將是通往幸福和內在滿足的道路。重新定義成功和找回真實自己可能是一項具有挑戰性的工作，但它是實現內在滿足的關鍵。

你的人生應該由自己掌控、自己定義，讓自己活得舒服、開心、滿足，遠比讓其他人滿意更重要。千萬不要陷入討好全世界的迷思，卻忘了，整個宇宙最需要討好的人，其實只有你自己。

希望你也能夠揭開外界期望的面紗，找到真正的自己，並活出一個更快樂、更有意義的生活。

1-4 實踐你的天賦

成就你自己，永遠不嫌晚

　　不論你現在的年齡是多少，也不論你的過去經歷如何，你都擁有著無限的潛力。這個世界充滿了故事，散落著不同的人，每個人都有一個自己獨特的篇章等待著被寫下。當我們談到人生，常常有人會對那些年輕、有活力的人充滿羨慕之情。他們好像站在一片無限可能的大草原上，擁有整個世界的資源和時間。然而，我們要記住的是，年齡絕不應該是限制，而應該被視為通往更多可能性的大門。

　　你是否曾經想過為什麼會做出某些選擇？為什麼你會做你所做的事情？為什麼你喜歡某些事情？為什麼你在某些事情上比其他事情表現得更好？其實這些都是有跡可循的，而答案就在於你的天賦當中。

　　每個人都具備與生俱來的才華和特質，這些獨特的潛能賦予我們獨特性。然而，許多人可能並不完全瞭解他們自己的天賦，或者未能善加運用它們。在追求自己的夢想和目標時，瞭解和發揮自己

的天賦是關鍵的一步。正如許多年過半百的人士所發現的那樣，無論你的年齡如何，認識和發展自己的天賦都可以為你的生活帶來巨大的改變。這不僅使你能夠更好地理解自己，還有助於你將自己的能力最大程度地發揮出來，無論是在校園、生活、職場還是在第二人生當中。

複製自己過去的成功經驗

　　上一章我們談到，**別人的成功方式是無法複製的。但幸運的是，我們可以透過複製自己的成功經驗，再次創造巔峰。**正因為在我們身上的這些天賦的特質是不會被取代也不易變動的，因此，我們每次的成功表現其實都是運用天賦之下的成果。當你能夠找出每個好表現和天賦之間的關聯性後，你就更能掌握天賦可以幫助你的地方。當未來遇到類似的情境時，你就能輕鬆提取出可以幫助你的天賦，用最省力的方式取得卓越的成功。

天賦是實踐夢想的軸心和起點

　　千萬別再認爲認識天賦是年輕人的特權了，我有很多中年以上的教練客戶，他們在認識和探索自己的天賦之後都發現人生豁然開朗，原來很多卡關的地方都和錯誤使用天賦有關。也因爲透過天賦更認識自己與生俱來擅長的事，在未來的人生道路上，將自己可以發揮最大價值的能力聚焦在職場，或是在第二人生上，透過更理解自己和他人的天賦特質，人際關係的掌握也都更加得心應手。

天賦就是你的槓桿力和加速器

　　天賦可以被視爲你個人成長的槓桿力和生活中的加速器，透過善用資源和能力，以實現更大的成就和效益。而運用天賦的槓桿力，就能幫助你在最小的阻力下於各個領域取得更大的成就。

　　當你理解天賦所能帶給你的助益之後，便可以運用在每一次大大小小的目標之上。透過以天賦爲出發所擬定的行動方案，它們不再是天馬行空，或是一成不變，甚至是毫無章法。一切都會變得有跡可循，而且是非常有機會被實踐的，因爲目標會用

你擅長的方式（天賦）和你自己想出來的行動方案來執行，達成率自然會提高許多。

透過教練來加速天賦鍛鍊

找一個適合你的教練來加速天賦的培養，是一個強大的方法。正如 2023 Gallup At Works 年度高峰會 (註3) 所提到的那樣，每個人都擁有內在的潛力，並不需要被視爲有缺陷而需要修復。教練的角色不在於修復你，而是引導和激發你內在的能力。

教練與顧問之間存在著重要區別。顧問可能傾向於提供答案或建議，而教練則更注重引導你自己去發現答案。這種引導過程有助於你更全面地認識自己的天賦，並將它們應用於實際情境。

透過教練的協助，你能夠更快速地認識和發展你的天賦，並將其轉化爲實際的成就。**教練將幫助**

註 3：Gallup at Work Summit 是蓋洛普每年一次在美國總部的城市 OMAHA 所舉辦的高峰會活動，匯聚了各行各業的領袖和專業人士與優勢教練，探討工作場所的趨勢和實現成功的策略。微軟總裁 Satya Nadella、《赫芬頓郵報》創辦人 Arianna Huffington、全球心靈導師與《僧人心態》作者 Jay Shetty 等都是近幾年被蓋洛普邀請的主講人之一。

你看見那些或許之前被忽略或未發現的潛力，並激勵你在達成目標時更全情投入。優秀的教練會是你成功之路上的引路人，協助你充分發揮內在的優勢，實現更多的成就。

天賦不等於熱情：擅長與喜好的差異

　　天賦與熱情之間存在一個常見的誤解，即如果某人在某事上有天賦，那麼他們必定對此充滿熱情。然而，現實情況往往更為複雜，擅長的事並不總是與個人的興趣或熱情相符。一個著名的例子是前職業網球選手安德烈·阿格西。

　　阿格西是網球史上最偉大的選手之一，擁有令人羨慕的職業生涯，贏得了 8 個大滿貫單打冠軍。然而，阿格西在他的自傳《Open 公開》中揭露，他其實從來不真正喜歡打網球。從小被父親嚴格訓練，他的天賦使他成為了一名頂尖選手，但這並不意味著他對於這項運動充滿了熱情。即便在他取得巨大成就的時候，他仍在掙扎於與網球的關係中，這證明了擅長的事不一定就是自己喜歡的事。

　　他真正的熱情其實在於慈善公益，通過投身於

慈善事業，阿格西找到了一種新的成功方式，這種成功不是基於個人成就，而是基於對社會的貢獻和對他人生活的積極影響。它的故事提醒著我們，**即便在外界看來我們在某個領域非常成功，如果那不是我們真正熱愛的事業，那麼這份成功也可能會讓人感到空虛。**因此，瞭解自己的內心是很重要的，尋找那些既能展示我們天賦又能激發我們熱情的事業，才是達到個人滿足和成功的關鍵。

追尋自我：不論年齡，成就不朽的人生

最終，成功的真正定義應該基於內在滿足、自我認識和個人價值觀。不要讓外界的期望和社會壓力主導你的生活，而是要勇敢地追尋自己的道路，找到真正的自己，並根據自己的標準定義成功。

生活中最美麗的部分之一是，無論你的故事已經走到哪裡，都有更多的篇章等待著你書寫。一起迎接這個充滿可能性的冒險，探索更多的夢想，成為真正的自己。

讓我們繼續勇往直前，追求自我，探索潛力，尋找更多的意義和成就。

02

點燃熱情（驅動力）

你喜歡什麼？

02
點燃熱情

  歡迎來到探索熱情旅程的起點。在這一章中，我們將一同深入瞭解你的興趣和熱情，並學習如何激發你的內在動力。我們將從主動探索興趣入手，發現並培養你的愛好。然後，我們將討論天賦和熱情之間的緊密關聯，以及如何解放你的內在潛能，使熱情成為你生活的引擎。接下來，我們將深入瞭解當熱情真正成為生活的引擎時，它如何為你帶來內心的極樂喜悅和滿足感。最後，我們將一步步探討激發內在熱情的五個關鍵步驟，從學習開始，一直到蓬勃發展。這一章將幫助你更深入地理解自己的內在熱情，並提供實際的方法，讓你能夠從中獲得更多的滿足感和成就感。

2-1 探索興趣、激發熱情

如何發現、培養和享受你的愛好

熱情是一種神奇的力量，它可以驅使我們去追求、投入和努力實現某個目標或愛好。它代表著對某件事物或目標的強烈興趣和激情，通常伴隨著情感上的投入、精力充沛、對事物的熱愛和追求，以及高度的動力和毅力。熱情的存在可以在各個生活領域，如工作、愛好、人際關係等方面表現出來。

然而，對於某些人來說，找到自己的熱情可能並不是容易的事情。有些人可能會說：「我不知道我的熱情是什麼？」或者甚至說：「我沒有熱情。」這種情況並不罕見，且完全可以理解。

事實上，許多人曾經經歷過一段低潮期，這段時間充滿迷茫和對未來方向的不確定性。在這種情況下，我們可能會對所有事情失去興趣，甚至連平常最愛做的事情也不再感興趣。這種狀況在人生中是正常的，而且經常伴隨著生活中的變化和挑戰。

就我個人而言，我曾經經歷過這樣的低潮期。那段時間，我對什麼都感到索然無味，沒有興趣，

甚至失去了對平常喜歡的活動的動力。以前總是喜歡逛街的我，那時候連一點逛街的興趣都沒有；平時愛看書的我，也連一頁書都看不下去，生無可戀的狀態讓我感到非常不像自己而且痛苦萬分。

然而，這段低谷也是我人生中的一個轉折點。在那個看似無力的低谷時期，某天我終於看到了一本想買來看的書。這本書是《飛客心法》，講述了如何有效地利用里程來兌換效益極大化的免費機票。對於自助旅行和飛行愛好者來說，這本書簡直是一項寶藏。這本書喚醒了我原本對飛行與旅行的熱愛，讓我開始恢復以前對於里程積累和兌換的興趣。

這段經歷教會了我一個重要的啟示：**興趣和熱情是可以重新發現、培養和點燃的**。所以，如果你現在還不知道自己的熱情是什麼，或者感覺自己沒有熱情，別擔心，你並不孤單。

我認為，興趣應該是熱情的源頭，人們通常對他們感興趣的事物更有動力，因此興趣可以被視為熱情的泉源。如果還沒辦法發現自己的熱情所在，或許我們可以從尋找興趣開始著手。發現自己的興

趣可以是一段有趣而具挑戰性的過程，接下來，我們來探討一些方法，可以幫助你找到線索，發現自己的興趣，並最終將它激發爲更大的熱情。

探索自我：自我覺察與提問喜好

自我覺察是找到自己的熱情的第一步。花時間反思，問問自己：什麼事情讓我感到興奮？什麼活動讓我感到愉悅？這些問題可以幫助你開始思考你的興趣。以下是一些可能的興趣，可以作爲開始的參考：

攝影

如果你熱愛捕捉美麗的瞬間，攝影可能是你的最愛。專注於自然景觀、人像或其他特定主題攝影都能帶來滿足感。

烹飪

喜歡美食的你可以嘗試不同的食譜和烹飪技巧。探索義大利、日本、墨西哥等不同菜色，將烹飪視爲一種創意表達。

登山

透過挑戰自己的體力和探索大自然，登山、徒步旅行和露營活動提供了充實感。這是與大自然親密接觸的絕佳途徑。

寫作

善於表達的你可能對寫作感興趣。嘗試寫短篇故事、詩詞、日記或部落格文章，探索文字的魅力。

繪畫和藝術

創作藝術作品是一種富有表現力的興趣。油畫、水彩畫、素描和雕塑都是藝術的不同形式。

旅遊

探索不同的文化和地方可能是一個令人興奮的興趣。計畫各種不同的旅行，探訪不同的國家和城市，擴展視野。

運動和健身

如果你關心健康，參加跑步、瑜伽、游泳或健身等運動活動可能會使你愉快和健康。

科學和探索

好奇心旺盛的你可以參與天文觀測、昆蟲學，甚至參與科學研究項目，探索自然界的奧祕。

網路創作和社群媒體管理

如果你喜歡在數位世界上創作內容，可以嘗試影片創作、部落格寫作、Podcast 製作等，這是一個充滿創意的領域。

電子競技和遊戲

遊戲愛好者可以參與電子競技比賽、創建遊戲，或者學習遊戲設計，體驗虛擬世界的樂趣。

永續生活和環保

對環境保護有興趣的人可以參與淨灘活動、推動綠色能源使用，支持永續農業和食品等。

音樂製作和數位藝術

透過音樂製作軟體和數位藝術工具，你可以創造音樂和視覺藝術作品，展現無限的創造力。

社會公益和志工服務

參與志工服務或支持慈善組織，是表達對社會議題關切的方式之一。

創業和創新

喜歡創新的你可以創立新創公司、發明新產品，或者參與創業學習計畫，開拓新領域。

動畫和影視製作

　　如果你對動畫、影視製作和視覺特效有興趣，這是一個充滿創造性的領域，你可以參與動畫製作、短片拍攝，或者學習視覺特效技術。

　　這只是一些可能的興趣範例，關鍵是聆聽自己的內心，思考什麼活動讓你感到充實和愉悅，開始探索和深入這些興趣。像我這幾年也培養了一些新的興趣，像是精油、時尚水彩、精油芭蕾提斯 (註4) 等等喜好，讓我的生活增添了不少樂趣。無論你的興趣是什麼，都有無限的機會等待著你去追求和發展。這些興趣可以豐富你的生活並幫助你找到熱情的方向。

童年的寶藏：回顧童年，找出珍貴的線索

　　時常回顧你童年時期的經歷和愛好，可能有助於你找到重要的線索，指引你發現自己的真正興趣。童年時，我們通常自發地參與各種活動，無拘

註4：精油芭蕾提斯是一堂上課前中後都會使用不同功效的芳香精油，結合古典芭蕾與皮拉提斯特色，由延展、訓練核心再到放鬆的墊上運動課。

束地表達自己，而這些經驗往往能反映出我們的天賦和喜好。

然而，正如引言中所提到的，工業革命後的制式化教育體制可能會限制我們的多樣性和創造性。許多曾經深愛的活動，也許因為不符合教育體制或社會的期待，而被遺忘或擱置。例如，一位可能因為學業壓力而停止繪畫的人，童年時可能是一位優秀的畫家，但在長大後的日常生活中忽略了這項創作或美感的天賦。

因此，回顧童年是一個探索自己的過程，透過檢視你在年幼時的經歷，你可以發現那些曾經讓你快樂和充實的事情，以及那些潛在的興趣，它們可能一直在等待重新被發現和培養。舉例來說，你可能還記得在童年時常常在花園裡度過許多時間，探索植物和昆蟲的奧祕。這可能是一個暗示你對園藝或生態學有濃厚興趣的線索。

回顧童年時的經驗可以幫助你重新連接到那些曾經讓你心跳加速的活動，並啟發你開始探索和發展自己的興趣，不受外界期望的束縛。這是尋找熱情的重要方法之一。

培養興趣，轉化為熱情

發現自己的興趣可能需要一些時間，不要急於得出結論。探索過程本身可以是一個充滿發現和樂趣的過程。當你找到興趣之後，我們便可以進一步地去培養它、灌溉它，讓它有朝一日轉變成熱情。培養興趣需要時間和努力，以下是一些具體的建議和範例：

學習和研究

當你發現一個潛在的興趣時，學習關於它的知識。閱讀相關的書籍、文章，觀看相關的影片，參加相關的課程。例如，如果你對攝影感興趣，可以學習攝影的基本技巧和藝術。

實踐

將學到的知識轉化為實踐。與你的興趣相關，不斷地練習和實際應用。如果你喜歡彈奏樂器，每天練習一段時間，逐漸提升你的技能。

參與社群

加入相關的社群或俱樂部，與其他對這個興趣有相同愛好的人交流。這可以提供支持、建議和機會共同學習。例如，如果你對 AI 有興趣，參加 AI

社群可以讓你結識其他 AI 愛好者。

挑戰自己

設定挑戰和目標，不斷擴大自己的舒適圈。舉例來說，如果你喜歡寫作，挑戰自己每個月寫一篇短故事或部落格文章。

多角度探索

探索你的興趣的不同方面。舉例來說，如果你對音樂有興趣，不僅可以學習彈奏樂器，還可以深入瞭解音樂史、不同音樂風格和作曲技巧，以擴展你對音樂的理解。

參加工作坊和活動

尋找和你的興趣相關的工作坊、研討會和活動，這些活動可以提供互動和實際體驗。如果你對短影音感興趣，參加短影音工作坊可以學到新技能。

持之以恆

興趣的培養需要持之以恆。不要因為遇到困難或挫折而放棄，堅持下去，這樣你的技能和知識會不斷增長。

分享和教導

　　一旦你具備了一定的知識和技能，考慮與他人分享。分享可以強化你對興趣的熱情，也可以幫助他人。例如你可以將學到的品酒知識分享給其他初學者。

　　當你花時間和努力去培養你的興趣時，它可能漸漸轉化為熱情。熱情是一種積極的能量，它可以驅使你不斷進步、創新和享受生活。最終，你可能會發現，你的熱情不僅豐富了你的生活，還可能成為具有深遠影響的重要部分，改變了你的職業和生活方向。

克服挑戰和困難：發展熱情的旅程

　　在發現和培養自己的熱情過程中，你可能會面臨各種挑戰和困難。例如：時間不足、資源有限、自我懷疑等問題。這些挑戰是正常的，但不應該成為阻礙你發展熱情的障礙。

　　首先，制定一個可行的計畫，將你的興趣融入你的日常生活。這可能需要時間管理和統籌能力，但它可以幫助你克服時間不足的問題。如果資源有

限，考慮尋找創意的方式，例如使用開源工具或參與社群計畫。

　　自我懷疑或是三分鐘熱度都是常見的問題，但不要讓它們阻礙你前進。每個人都會犯錯或是想偷懶，但每個人也都需要學習和成長。尋找支持系統，包括朋友、家人或導師，他們可以鼓勵你，提供建議和反饋。

　　最重要的是，堅持不懈。培養熱情是一段過程，需要時間和努力。不要害怕面對挑戰，相信自己的能力，並享受發展熱情的旅程。

　　總之，找到並培養自己的興趣，最終轉化為熱情，是一段充滿探索和樂趣的過程。無論你目前處於什麼狀態，都有機會重新連接到自己的內在熱情，並發現新的興趣。透過自我覺察、回顧童年、持之以恆的學習和克服挑戰，你可以找到自己熱情的方向，並在其中獲得滿足感和成就感。最重要的是，享受這個過程，讓熱情成為你生活的一部分，豐富你的生活並啟發你不斷成長。

2-2 天賦是潛力，熱情是驅動力

解放內在潛能

在這一篇章裡，我們將探討天賦與熱情如何共同作用，釋放你的無限潛能。天賦是你內在的種子，等待被發掘和灌溉；而熱情則是滋養這些種子成長的水源和陽光。我們會探討如何辨識自己的天賦，以及如何通過熱情將這些天賦轉化為實際的能力和成就。

天賦與熱情：解放內在潛能的關鍵

在我們的生命中，每個人都擁有獨特的天賦，這些獨特的能力大多在成年已定型。這些天賦可以是各式各樣的，從藝術和音樂到數學與科學，再到戰略思維、關係建立、影響力、執行力等等。然而，**擁有天賦並不足以實現我們的夢想和目標，我們需要的是一種內在的動力，一種能夠推動我們付諸行動的力量。這種內在動力就是熱情，它是將我們的天賦轉化為現實的關鍵。**

天賦可以被視為是我們的潛力和資產，就像一

顆布滿灰塵的鑽石。它們可能被埋藏已久，等待著我們去發現和開發。然而，這些天賦如果不經過啟動、鍛鍊和激發，很容易被埋沒在生活的日常瑣事中，讓我們錯過了實現自己潛力的機會。

而熱情，不僅是發現和培養天賦的關鍵，它還是實現生命意義的動力。當一個人充滿熱情地追求他們所熱愛的事物時，他們感到生活更有意義，更具目標感。這種內在的滿足感和成就感可以深刻地影響一個人的生活，使我們更快樂、更有動力。

天賦與熱情的互動案例

以下舉一些案例分享，幫助大家更能洞悉天賦與熱情之間的關聯性。

領導者的案例

假設有一位領導者，他的主要天賦之一是「戰略」。這意味著他在分析複雜問題和制定長期計畫方面具有出色的能力。然而，僅擁有這種天賦並不足以使他成為優秀的領導者。這個天賦需要與熱情相結合，才能真正發揮作用。

他的熱情是「幫助組織發展和成長」。他充滿

熱情地關心著自己的團隊和組織的長遠成功。他投入大量的時間和精力來研究市場趨勢，分析競爭對手，並制定策略，以確保組織的持續增長和競爭優勢。

他的熱情驅使他不斷地學習和成長。他參加了領導力培訓課程，研究成功的組織案例，並與其他領導者交流經驗。將其戰略性天賦應用於實際情境中，制定了明確的長期目標，並確保團隊的每個成員都明白他們的角色和貢獻。

這股熱情也感染了他的團隊，激發團隊成員的積極性，並激勵他們為組織的成功而努力工作。他建立了一個有共同目標和價值觀的團隊，這有助於提高工作效率和團隊凝聚力。

科學家的案例

假設有一位科學家，他的主要天賦之一是「分析力」。這意味著他在觀察、實驗和數據分析方面具有卓越的能力。這項天賦是他的潛力，擁有成為優秀科學家的潛能。然而，要成為卓越的科學家，他需要將這種潛力與熱情相結合。

他的熱情是「環境保護」。他充滿熱情地關心

地球的未來和環境的永續性。他投入大量的時間和精力來研究氣候變化、生態系統和環境影響，並致力於找到解決方案。

　　他將分析力天賦應用於環境科學中，通過收集和分析大量的數據來瞭解環境變化的模式。他發表了重要的研究論文，提供了關於氣候變化的關鍵見解。

　　他的熱情也感染了其他科學家和研究人員。他建立了一個團隊，一起合作研究環境問題。他的工作不僅有助於推動科學界對環境問題的關注，還有助於政策制定者和企業家採取行動以減緩氣候變化。

企業家的案例

　　假設有一位企業家，他的主要天賦之一是「創新思維」。這意味著他在想出新點子、解決問題和創建新產品方面具有卓越的能力。這種天賦是他的潛力，擁有成為優秀企業家的潛能。然而，要成為成功的企業家，他需要將這種潛力與熱情相結合。

　　他的熱情是「社會創新」。他充滿熱情地關心社會問題，如教育不平等、環境可持續性和社區發

展。他相信企業可以是社會變革的引領者，並致力於創建具有社會影響力的企業。

　　他將創新思維天賦應用於社會創新領域，開發了新的教育科技解決方案，幫助改善學生的學習經驗。他的企業不僅關注盈利，還關注社會和環境。

　　他的熱情吸引了其他企業家和投資者的關注，他們開始支持社會創新項目。他建立了一個社會創新生態系統，促進了業界對社會和環境問題的關注。

　　這些案例突顯了不同職業中如何將天賦的概念應用於實際情境中，並如何將天賦與熱情相結合，以實現個人和社會的成功。無論你的職業是什麼，擁有明確的天賦並將熱情投入到你關心的事物中，都可以成為一個有影響力的個體，推動正面變革。

　　這些例子強調了天賦和熱情之間的緊密關聯。天賦提供了一個人在特定領域表現出色的潛力，而熱情則是將這種潛力轉化為現實的驅動力。通過擁抱我們的天賦並將熱情投入到所關心的事物中，不管你的天賦是什麼，只要你將熱情和目標導向這個方向，你就能夠實現你的夢想，並在生活中找到真正的滿足感。

克服挑戰：熱情的堅韌力

　　熱情還可以幫助人們克服障礙和挑戰。當我們對一個目標充滿熱情時，我們更有動力去克服困難，不輕言放棄。這種內在的動力使我們變得堅韌，有信心面對生活中的各種挑戰。無論是在學業、職業還是個人生活中，熱情都可以幫助我們克服障礙，取得成功。

實現夢想：擁抱天賦與熱情

　　天賦是我們的潛力，熱情是將這種潛力轉化爲現實的關鍵。透過擁抱我們的天賦並充滿熱情地追求熱愛的事物，我們可以實現生命的意義，充實我們的生活，克服挑戰，並爲自己和世界創造價值。不管我們的天賦是什麼，只要我們發現並用熱情去追求它，我們就可以實現我們的夢想，並在生活中找到眞正的滿足感。所以，讓我們充分發揮自己的潛力，充滿熱情地去追求我們的目標，並在這個過程中找到屬於自己的生命意義。

2-3　當熱情成為生活的引擎

內心的極樂喜悅與滿足

　　在前面的篇章中，我們已經討論了天賦和熱情之間的密切關係，以及如何將天賦與熱情相結合，實現生活的意義和目標。現在，我們將進一步深入探討當一個人實踐熱情時，所體驗到的內在滿足感、喜悅以及如何深刻地影響我們的生活。

追求熱情的內在滿足

　　當我們追求自己真正熱愛的事物時，通常會體驗到一種內在的滿足感。這種滿足感不同於外部成就所帶來的短暫快樂，它源自對內心的深刻連結和實踐熱情的喜悅。以下是更詳盡的探討：

1. 沉浸在當下

　　當我們充滿熱情地投入於某事時，我們往往能夠完全沉浸在當下。這種心流讓我們進入高度專注和全身心投入的精神狀態，通常也會伴隨著愉悅感受，讓我們忘記時間，忘記自我，只專注於所做的事情。這種體驗類似於冥想，讓我們感到內心平靜

和充實。在這個極為專注的狀態下，我們不再感受到生活中的壓力和焦慮，而是享受著純粹的存在。

舉例說明：想像一位藝術家，當他作畫時，時間似乎停滯，他專注於每一筆每一筆的畫，完全沉浸在創作過程中，忘卻了周遭的喧囂。

2. 內在滿足感

實踐熱情時，我們常常能夠體驗到內在的滿足感。這種滿足感源自於追求自己熱愛的目標，而不僅僅是外部的成就或認可。這種內在滿足感滋養著我們的靈魂，讓我們更有動力繼續前進。這是一種源源不絕的幸福感，來自於我們充分發揮潛能的過程，而不僅僅是結果。

舉例說明：以一位作家為例，當他完成一本寫作已久的小說，雖然未必會立刻獲得業界的認可，但他內心充滿滿足感，因為他完成了他熱愛的創作。

3. 創造力的流動

熱情和內在滿足感經常與創造力相關。當我們充滿熱情地追求某事時，我們的創造力似乎能夠無限流動。我們能夠想出新的點子，解決問題，並將概念變

爲現實。這是因爲當我們充滿熱情時，我們的大腦更加開放和靈活，能夠跨足不同的思維領域。這種創造力的流動讓我們能夠不斷地創新和進步。

舉例說明：音樂家在創作音樂時，經常能夠連續幾小時無間斷地寫出新的樂曲，這是因爲他充滿熱情地投入到音樂創作中，創造力自然源源不絕。

4. 自我實現

實踐熱情也與自我實現緊密相關。自我實現是指充分發揮自己的潛能，實現自己的夢想和目標。當我們實踐熱情時，我們正在自我實現的道路上邁出堅實的步伐。我們不再感到被束縛或受限，而是在追求我們內心最深層願望的同時，不斷地成長和進化。

舉例說明：以一位社會運動家爲例，當他充滿熱情地投入到改善社會的工作中，他感到自己正在實現自己對社會正義的信念，這是他自我實現的一部分。

熱情的結果和影響

當我們實踐熱情時，它不僅帶來內在的滿足感，還產生了許多實際結果和深遠的影響，不僅影

響自己，還影響著周遭的人和社會。

1. 影響力

　　當一個人充滿熱情地追求他們所熱愛的事物時，他們常常成為激勵他人的力量。他們的熱情感染著周遭的人，激發他人也去追求自己的夢想和熱情。這種影響力有時甚至可以改變整個社會或行業。這是因為熱情具有感染力，它能夠激勵和鼓舞他人，使他們也想要追求自己的熱情。

　　舉例說明：以一位教育家為例，當他充滿熱情地教授學生，激發了學生對知識的渴望，進而影響了整個學校的教育氛圍。

2. 社會和社區參與

　　熱情往往激發我們參與社會和社區事務的意願。我們可能會感到責無旁貸，希望將我們的熱情和技能用於社會服務或社會變革。這種參與可以建立更強大的社區和社會聯繫。我們成為社會的一部分，並為改善社會和社區做出貢獻。

　　舉例說明：一位環保志工充滿熱情地參與清潔海灘活動，不僅保護了環境，還鼓勵了更多人參與類似的社區活動。

3. 生活的豐富性

最重要的是，實踐熱情可以爲生活帶來豐富性和意義。它賦予了我們目標和方向，讓我們感到生活充實而有價值。這種豐富性來自於追求我們的夢想，並享受過程中的所有成長和體驗。我們不再感到生活的乏味，而是充滿了熱情和興奮，期待著每一天的到來。

舉例說明：心靈導師充滿熱情地協助人們找到內心平靜和平衡。他們的工作在幫助他人實現心靈成長的同時，也讓自己不斷深化對生命的理解。這種引導的過程爲他們的生活注入了深刻的意義。

透過你的熱情幫助世界更積極美好

這些例子突顯了不同職業如何通過追求熱情，讓生活變得更豐富、充實且充滿意義。不管是哪個領域，當一個人將內心的熱情轉化爲實際行動時，都有機會體驗到內在的極樂喜悅和滿足感，同時對自己、他人和社會產生積極的影響。因此，熱情不僅是一種個人的體驗，還可以成爲建設更美好世界的力量。

當我們追隨內心的熱情時，我們可以體驗到一種內在的極樂喜悅與滿足。這種體驗源自對自己內在潛能的發掘，以及將熱情轉化爲實際行動的過程。同時，熱情也帶來了個人成長、影響力、社會參與和生活的豐富性。因此，無論你的熱情是什麼，請繼續追求它，並讓它成爲你生活中的亮點和動力。

　　在這個過程中，你將發現內心的極樂喜悅和滿足，並爲自己和世界創造更多價值。這種內在的滿足感不僅豐富了你的生活，還有可能影響著他人，激勵他們也去追求自己的熱情之處，最終建構一個更充實和有意義的社會。

　　讓我們共同探索內心的熱情，追求內在的滿足，並在這個過程中實現自己的夢想。這正是生活的眞正價值所在。

2-4　啟發內在熱情的五個步驟

從學習到蓬勃發展

　　《僧人心態》這本書的作者傑‧謝帝（Jay Shetty）是一位備受尊敬的知名人士，他的人生旅程充滿啟發性和深刻的轉變。曾經是倫敦卡斯商學院前十名的學生，以及一名國際大企業的實習生，傑‧謝帝的未來似乎一片光明。然而，他一直感到未來只有兩個選擇：成為醫生，或者成為律師，而這讓他感到對成功的定義變得非常狹隘。

　　然而，一次偶然的機會，他在商學院遇見了一位非凡的僧人，這位僧人曾經是印度最難考進的理工學院（IIT）的學生，他卻放棄了一切，選擇出家修行為僧。這名僧人所散發的智慧、自信、平和和快樂讓傑‧謝帝深受感動，這是他從未在其他人身上感受過的特質。這次的相遇引領了他走進印度孟買的道場，開始重新思考何謂「成功」的人生。

　　不過，傑‧謝帝強調他並不是一下子就決定成為僧人的，而是透過一連串小步驟和經歷，才最終做出了這個生命中重大的轉變。他在三個暑假和三

個聖誕假期中飛往印度，深入體驗了僧侶生活。這些經歷讓他明白，所有的改變都是從微小的步驟開始，並逐漸發酵和成形的。這個過程是深思熟慮的，絕不是隨意的決定，而是他真正的熱情所在。

啟發內在熱情的五個步驟

這五個探索熱情的步驟，是傑・謝帝在 2022 Gallup at Work 擔任 keynote speaker 的演講中分享的關鍵主題，它們提供了一個具體的指南，可以幫助人們找到、激發和培養內在的熱情。現在，讓我們更深入地探討每個步驟，瞭解它們如何影響我們的內在動力和生活。

1. 學習（Learning）

學習是啟發熱情的第一步，也是整個過程的基石。當我們談論學習時，我們指的是敞開心扉，保持好奇心，並積極地追求自己感興趣的事物。這種學習可能以多種形式呈現，可以是閱讀一本引人入勝的書，聆聽啟發性的 Podcast，或觀賞具有啟發性的紀錄片或電影。當我們投入學習時，我們開始發現那些激發我們內在熱情的元素，這可能是一門

新技能、一個主題或一個領域。

這種學習是有目的性的，是爲了探索我們的內在世界，並找到那些引發我們心靈共鳴的東西。這也是一個機會，讓我們更深入地瞭解自己，發掘我們的潛能，並確定自己的興趣和方向。不僅如此，學習還可以幫助我們擴大視野，看到更多可能性，並啟發我們內在的創造力。

在傑‧謝帝的個人故事中，學習扮演了關鍵角色。他在商學院遇到的那位僧人，就是一位深具智慧和知識的導師，他的言談舉止充滿智慧，這讓傑‧謝帝深受啟發。這位僧人教導他的不僅僅是知識，更是一種智慧的心態。這個過程啟發了傑‧謝帝對生命和成功的看法，從狹隘的視野轉變爲更加開放和多元化的觀點。

2. 實驗（Experimenting）

當我們發現了自己的興趣後，下一個步驟是實驗。這是一個允許自己更深入體驗和經歷這個興趣的階段。實驗並不要求參加正式的課程或培訓，它是一種自主的探索，通常發生在實際的生活中。

傑‧謝帝在這方面爲我們帶來了一個重要的啟

示。他並沒有一下子就決定成為僧人，而是透過三個暑假和三個聖誕假期飛往印度，深入體驗了僧侶的生活。這些經歷包括參加冥想、學習古老的智慧，以及在寺廟中過著簡樸的生活。這個實驗過程讓他更深入地瞭解僧侶的日常生活，並讓他逐漸接觸到一種更高層次的自我覺醒。

實驗是關於探索，確保我們真的喜歡這個領域，並確定我們是否有潛力在其中蓬勃發展。通過實際的體驗，我們可以更加深入地瞭解自己，並發現那些讓我們內心湧現熱情的元素。這個過程也可以幫助我們建立自信，因為我們將真正地瞭解自己的能力和潛力。

3. 體現（Performing）

當我們確定自己真心喜歡並希望投入某個領域時，下一步是表現出來。這是將我們的熱情具體實現的階段，讓內在的動力和心流狀態開始流動。在這個階段，我們將我們的技能和熱情展現給世界看，無論是藝術、音樂、體育、科學還是其他領域，都是一個表現自己的機會。

這個階段通常伴隨著一種激情的湧現。當我們

將自己的創造力和熱情注入到某個領域時，會感受到一種全身心的投入，一種充實感和滿足感。這也是內在動力和外在成就之間的交匯點，我們開始看到自己在所熱愛的事物上取得成功，這種成功帶來的喜悅無與倫比。

傑·謝帝的生命故事中，這個階段體現在他決定真正地追求僧人生活時。他將自己的熱情和信仰具體表現出來，這讓他能夠擁有一個豐富而有意義的生活。他開始在印度的道場中學習冥想和精神智慧，並將這些教義具體應用到他的生活中。這個過程讓他找到了一種深刻的內在滿足感，並開始感受到生活的豐富和充實。

4. 挫折（Struggling）

然而，在啟發內在熱情的過程中，遭遇挫折是難免的。這些挫折可能包括失敗、困難和挑戰。然而，這些挫折並不是阻止我們前進的障礙，而是機會，是我們成長和進步的機會。透過面對挫折，我們學會調整、修正和改進，這使我們更堅韌，更有信心，也更加深刻地理解我們所追求的熱情。

挫折可以被視為一個測試，它考驗我們的毅力

和決心。在這個階段，我們可能會遇到各種障礙，可能會感到沮喪和失望。然而，正是這些挫折塑造了我們的性格，並教導我們如何克服困難。這也是一個自我成長的機會，我們從中學會不斷調整和改進，以更好地應對未來的挑戰。

在傑·謝帝的故事中，挫折出現在他決定追求僧人生活的過程中。這個轉變並不容易，他必須放下許多世俗的束縛，包括名利和物質財富。然而，正是這些挫折讓他更加堅定地走上這條道路，他學會了如何克服內外的阻礙，並不斷提升自己的靈性修行。

5. 蓬勃發展（Thriving）

最終，當熱情走向這個階段時，我們開始蓬勃發展。這是享受甜美成果和成就的時刻，也是擁有自我實現和內在滿足的境界。我們的內在動力讓我們不斷努力，並在所熱愛的事物上取得成功。這是一個令人滿足和充實的階段，我們在其中享受到內在熱情所帶來的豐盛經驗。

在蓬勃發展的階段，我們可能會感受到生活的豐富和充實。我們的工作變得有意義，我們感到充

滿動力和滿足。這也是一個尋找自己真正目標的階段，我們的內在動力推動我們不斷前進，追求更高的成就和更深刻的滿足感。

傑·謝帝的故事就是一個極佳的例子。當他追求僧人生活時，他並沒有追求世俗的成功，而是追求內在的滿足感和靈性成長。這個過程雖然充滿挑戰，但最終讓他找到了一種深刻的內在平和和喜悅。他的故事鼓勵著我們勇敢地探索自己的內在熱情，並追求我們的夢想，無論這些夢想是什麼。

內在熱情的力量

內在熱情具有強大的力量，它可以激勵我們成為更好的自己，並在生活中找到更大的滿足感。當我們找到了熱情，那種深深受到某個事物吸引的感覺，我們會感受到一種強烈的吸引力和熱忱，這種感覺可以改變我們的生活。

熱情和天賦緊密相關。當我們發現自己對某個領域充滿熱情時，通常也會發現自己在這個領域有一定的天賦。這種天賦使我們能夠更容易地在該領域中取得成功，因為我們對它充滿熱情，並且天生

具備相應的能力。

　　當我們充分投入到我們熱愛的事物中時，我們會不斷改進自己，發展新的技能和能力，這使我們變得更加優越。因此，不要害怕探索新事物，只要你充滿熱情與搭配天賦，你就能夠不斷成長和進步。

　　在傑‧謝帝的故事和這五個探索熱情的步驟中，我們看到了內在熱情的力量以及它如何塑造一個人的生活。不要害怕去尋找自己的熱情，並勇敢地追求它。當你找到了熱情，你會感受到生命中一股強大的動力，你會全心全意地投入，充滿熱血，並樂在其中。這是一段充實的旅程，讓我們不斷成長，幫助找到生命的意義和目標。

　　內在熱情和天賦都是我們的寶藏，它們可以引導我們走向成功和充實。不論你的熱情是什麼，都請去追求它，並在其中找到你的快樂和滿足。生命太短暫，不要錯過追求自己內在熱情的機會，讓它成為你生活的亮點，並帶來深刻的喜悅和滿足感。開始思考和尋找你的熱情所在吧！

　　一旦你找到了熱情，那個深深受到某個事物吸

引的感覺，這種強烈的吸引力或熱忱，便可以爲你帶來深刻的喜悅與滿足感，讓你全心投入、熱血沸騰、樂在其中、更有創造力。**熱情搭配天賦，才能讓我們做喜歡又擅長的事。**

03

創造價值（創造力）

你能貢獻什麼？

03
創造價值

　　這一章，將深入思考你的個人價值觀，探索你內在的核心信念，並激發你成為一位價值創造者的潛力。並將討論解決問題的能力，以及如何在不斷變化的世界中找到實現自我的方法，打造一份工作，以最大程度地展現你的才華和價值。此外，還會深入研究未來工作的趨勢、機遇和挑戰，以幫助你做好職業生涯的預備。引導你發現自己的潛能，並找到為社會和世界做出貢獻的方式。

3-1 揭開個人價值觀的面紗

探索自我核心信念

在前面的兩個篇章中,我們討論了你擅長的領域(天賦)和你熱愛的事物(熱情)。現在,我們將一同探討人生戰略方程式的第三個要素:你能夠為他人解決什麼問題、能為世界帶來什麼貢獻?(價值與價值觀)

確認和探索自己的價值觀是一個重要且深刻的過程,它有助於我們更好地理解自己、引導我們的生活選擇,並找到真正有意義的事物。

價值觀的定義

價值觀是一個人對於什麼是對和錯、重要和不重要的核心信念和原則的集合。它們是我們在生活中做出選擇和決策時的指南,是我們對道德、個人責任、人際關係和生活目標的基礎。

在個人生活中,價值觀形成了我們的道德基礎。舉例來說,如果一個人的核心價值觀之一是「誠實」,他們可能會堅守真實,不輕言欺騙或偽

裝。這種誠實的價值觀有助於建立信任和良好的人際關係。

在職業生活中，價值觀也扮演著重要的角色。一位企業家可能把「創新性」視為核心價值觀，因此他們不斷尋找新的商機和解決方案。一位教育工作者可能以公平和平等為核心價值觀，確保每個學生都有平等的機會學習和發展。

價值觀是我們內在的道德羅盤，它們在我們的生活中引導我們的選擇，並反映了我們對重要事物的看法。通過深入探討和瞭解自己的價值觀，我們可以更好地定義自己的生活目標，並確保我們的行動與我們的核心信念一致。

價值觀的起源

個人價值觀的起源是多方面的，通常受到以下因素的影響：家庭、教育、文化和環境。這些因素共同塑造了一個人的價值觀體系，讓我們更深入地探討它們：

家庭

　　家庭是個人價值觀的重要起源之一。從幼年開始，孩子通常從父母和家庭成員那裡學習價值觀。這包括對道德、道德準則、家庭傳統和信仰的觀念。父母的行為和價值觀會對子女引起示範作用，並形成重大影響。例如，如果一個家庭強調誠實和責任，孩子們可能會在成長過程中發展出這些價值觀。

教育

　　教育體系也是塑造個人價值觀的重要因素。在校園中，學生接觸到不同的知識、觀點和品德課程，這些都可以影響他們的價值觀。教育機構通常強調知識、品德和社會互動的重要性，這有助於學生形成對這些方面的價值觀。

文化

　　文化是一個人價值觀的重要來源之一。不同的文化背景塑造了不同的價值體系。文化包括語言、宗教、習俗、傳統和價值觀，這些元素共同影響了一個人如何看待世界、道德和社交關係。例如，東方文化可能更強調集體主義和尊重長輩，而西方文化可能更注重個人主義和自由。

環境

　　一個人成長和生活的環境也對其價值觀產生影響。城市和鄉村、社會經濟地位、職業環境等因素都可以影響一個人的價值觀。例如，一個成長在科學家家庭的人可能更傾向於重視科學知識和理性思維，而一個成長在藝術家家庭的人可能更注重創造性和表現性的價值觀。

　　總之，個人價值觀的起源是複雜而多樣的，受到家庭、教育、文化和環境等多種因素的交互影響。瞭解這些影響因素有助於我們更好地理解為什麼我們擁有特定的價值觀，並有機會反思和調整它們，以實現更有意義的生活。

價值觀的種類

　　價值觀是多層次且多樣化的，涵蓋了各種不同類型，每種都對個人行為和決策產生影響。以下是幾種常見的價值觀類型及其影響：

倫理道德價值觀

　　這種價值觀涉及到對倫理道德規則和道德準則的信仰，例如誠實、正直、公平和尊重。當個人擁

抱這些價值觀時，他們通常會在面對抉擇時考慮道德的因素。例如，一個擁抱誠實價值觀的人可能會選擇坦誠地面對錯誤，而不是試圖掩飾。

職業價值觀

這種價值觀與工作和事業相關，它們包括效率、專業、創新和合作等方面的信念。職業價值觀可以影響一個人在工作中的態度和行為。例如，一個高度重視專業的專業人士可能會努力提升自己的專業能力，並保持高度的職業道德。

文化價值觀

文化背景對個人價值觀的形成和指導作用很大。不同的文化可能重視的價值觀不同，例如個人主義與集體主義、面子與謙虛等。這些文化價值觀可以影響人們的生活方式、社交互動和決策。

宗教價值觀

宗教信仰對個人價值觀的形成和指導作用很大。不同宗教有不同的教義和價值體系，這些信仰可以影響個人對道德、家庭、社會責任等方面的看法。

個人發展價值觀

每一種價值觀關注個人成長、學習和自我實現。例如擁抱成長型思維價值觀的人，可能會尋求不斷精進自己，追求更高的目標和成就。

這些價值觀類型在不同情境中互相交織，並在個人生活中塑造行為和決策。一個人的價值觀體系可能是獨特的，由多種因素塑造，但它們共同形成了一個人的道德觀和個人指南，影響他們如何與世界互動和做出選擇。瞭解自己的價值觀以及它們如何影響自己的行為，都是自我成長和成功的關鍵。

自我評估工具

自我評估工具對於確認個人價值觀是非常有幫助的。以下是一些自我評估工具的示範以及有關如何使用它們的建議：

價值觀問卷

這類問卷通常包括一系列聲明，要求你按照你的優先順序對這些聲明進行排名或評分。這可以幫助你確定哪些價值觀對你來說更重要。你可以在線上找到各種不同類型的價值觀問卷，以此作為參

考。

自我反思日記

　　每天花一些時間反思你的行為和決策，並問自己為什麼做出這些選擇。這有助於瞭解你的優先事項和價值觀。記錄你的想法和感受，以便日後參考。

價值觀對話

　　和朋友、家人或專業教練進行對話，討論你的價值觀和生活目標。別人的觀點和反饋可以幫助你更清晰地理解自己。

文學閱讀

　　閱讀與價值觀相關的書籍、文章和故事。有時看到其他人的故事和處境可以啟發你思考自己的價值觀。

　　我整理了一份價值觀參考清單，提供一些常見的價值觀的列表讓大家參考與汲取靈感，希望能對你在探索價值觀的旅程上有所幫助。當然，價值觀沒有標準答案和既有框架，你可以找出屬於自己的專屬答案。

　　以下是簡單的參考範例：

倫理和道德價值觀

　　包括誠實、正直、責任感、公正等。

個人發展和成長價值觀

　　包括學習、成就、持續改進等。

關係價值觀

　　包括親情、友情、愛情和團隊合作等。

社會和文化價值觀

　　包括多元文化、環保、社會公益等。

自由和獨立價值觀

　　包括個人主義、自主權、自由思考等。

價值觀與天賦的關聯性

　　蓋洛普天賦與價值觀之間存在密切的關聯性，因為它們都涉及到個人內在的本質和優勢。

　　蓋洛普天賦工具有助於提高個人的自我認識。當一個人瞭解自己的主要優勢和天賦時，他們更容易確定哪些價值觀和道德觀念與這些優勢相關。例如，如果一個人的主要優勢是戰略，那麼他們可能會發現在價值觀中強調直指核心的解決方案。

　　蓋洛普天賦還可以應用於團隊動力學。在一個

團隊中，每個成員的優勢和天賦都不同，這意味著他們的價值觀和行為也可能有所不同。瞭解團隊成員的天賦和價值觀有助於更好地協同合作，充分發揮每個人的優點。例如，審慎天賦突出的人，他所展現的價值觀可能是全面性的風險評估，但行動天賦突出的人可能更偏向優先去行動以掌握先機。

蓋洛普天賦和價值觀都在幫助個人更好地瞭解自己，引導他們的行為和生活選擇方面發揮作用。它們共同協助個人實現更有意義和符合自己內在特質的生活，同時也幫助我們更理解自己與他人的差異性，學會同理與包容彼此的獨特觀點。

探索和確認自己的價值觀是通向更有意義生活的關鍵一步。**價值觀是我們內心的指南，它們塑造了我們的道德基礎，並影響我們的生活決策**。瞭解自己的價值觀，可以幫助我們更清晰地定義自己的生活目標，確保我們的行動與我們的核心信念一致。

價值觀是個人且獨特的，可能會隨著時間和經歷而變化。自我評估是一個不斷演變的過程，幫助我們更好地瞭解自己，指導我們的行為和生活選

擇。

　　探索和確認自己的價值觀是個人成長和成功的
基石之一。瞭解自己的價值觀並將其納入生活中，
有助於我們過上更加意義深遠的生活，並將我們的
行動與我們最重要的信念相符，讓你更好地理解自
己，找到生活中眞正有價值的事情。

3-2　解決問題的力量

成為一個價值創造者

在現今多元綻放的世界中，能夠創造價值成為個人和職業發展的關鍵。**無論是在個人生活中還是職業生涯中，我們都有機會透過提供解決問題的能力來為他人和自己帶來價值。**本章將深入探討這個議題，並提供具思考性的指南，幫助你瞭解如何成為一個價值創造者。

理解價值創造的重要性

為了展開這個旅程，首先得理解為什麼價值創造對個人和社會都如此重要。價值創造不僅能夠豐富我們的生活，還能夠推動社會進步。當我們能夠解決問題、滿足需求，或提供有意義的服務時，我們就正在創造價值。

舉例來說，創業家們透過提供新的產品或服務來解決人們的問題，同時創造就業機會。這不僅有助於企業家實現財務成功，還有助於社會繁榮。因此，價值創造不僅是個人成功的標誌，還是社會進

步的引擎。

不僅僅是創業家，身爲上班族的你也是時時刻刻在創造你的價值，以我之前在銀行擔任信用卡的行銷經理爲例，我設計出讓消費者可以輕鬆累積回饋的刷卡活動，幫助卡友們透過聰明消費享受生活。在資產管理公司擔任行銷副總時，我舉辦一連串的退休理財講座與教育活動，讓客戶認識退休理財的重要性與可以實踐的方法，幫助他們更輕鬆地規劃財務，享受第二人生。

發展解決問題的能力

現在，讓我們探討如何發展解決問題的能力。解決問題是一項重要的技能，不僅有助於創造價值，還有助於個人成長。以下是一些方法和步驟，幫助你改善解決問題的技能：

問題定義

首先，明確地定義問題。要解決一個問題，你需要充分瞭解它，並確保你眞正理解了它的本質。

創意思考

　　不要受限於傳統的解決方案。採用創意思維，嘗試不同的方法來解決問題。可能的解決方案有很多，但需要你的創造力來發現它們。

分析和評估

　　一旦你有了解決問題的想法，就需要分析和評估它們的可行性。這包括考慮可能的風險和後果。

行動計畫

　　選擇一個解決方案並制定行動計畫。確保計畫明確且可執行。

執行和學習

　　執行你的計畫，但也要保持靈活性。如果出現問題，要能夠及時調整和學習。解決問題是一個學習的過程，每次嘗試都可以讓你更好地處理未來的挑戰。

　　當然，你獨一無二的天賦就是你解決問題的能力，相同的問題，每個人的解決方案可能都各不相同。請透過持續鍛鍊你的天賦，來更有效地定義問題、創意思考、分析評估和執行學習，提供你所創造與貢獻的問題解決方案。

尋找機會來創造價值

通常，機會出現在問題之中。有些人可能看到的是困難，有些人看到卻是機會。當我們談到機會時，往往會發現它們隱藏在問題的背後。有些人對困難和挑戰感到沮喪，把它視為障礙，而另一些人則將它視為潛在的機會，一個可以發展和創造價值的平台。

尋找機會來創造價值是一種積極而靈活的思考方式，它允許我們在困難和挑戰面前保持開放的心態。這種心態可以使我們更具創造力，更有能力找到獨特的解決方案，從而為自己和其他人創造價值。以下是一些有關如何尋找機會的觀點和策略：

尋找未被滿足的需求

觀察你周圍的社會和市場，尋找未被滿足的需求或存在的問題。這些未解決的問題可能是機會的種子。

挑戰現狀

不滿足於現狀，勇敢挑戰既定的方式和想法。有時候，改變是通向機會的第一步。

學習和成長

　　不斷學習新知識和技能，這有助於你更好地理解世界，並識別潛在的機會。

與他人合作

　　合作可以帶來新的觀點和想法，幫助你看到機會的不同方面。

保持靈活性

　　機會可能是暫時的，所以保持靈活性，卽時調整你的策略。

　　當你能夠尋找機會來創造價值時，你將更有可能在個人和職業生涯中取得成功。無論你是什麼角色，都可以通過尋找機會來發揮自己的潛力，實現目標並創造價值。

創造價值的方式

　　創造價值的方式非常多元，我們的努力和貢獻可以通過不同的途徑來實現，並對個人和社會產生積極的影響。以下是一些常見的方式，你可以透過解決問題來爲他人和社會創造價值：

創業

創建新企業或新產品，以解決市場上的問題。這可以包括提供新的產品或服務，填補現有市場的空缺，並改進人們的生活。

就業

透過你在從事的工作，幫助你服務的企業或品牌消費者，滿足他們的需求。無論你是一名銷售人員、工程師、設計師還是管理人員，你的工作都可以直接或間接地協助人們解決問題、提供價值。

研究和創新

進行研究，開發新技術或方法，改進現有產品或服務。這需要深入思考和解決問題，並通過科學、技術或創新來實現進步。

教育

教育和培訓其他人，幫助他們發展技能和知識。這可以包括教育工作者、導師、培訓師和教育平台，他們的目標是啟發和賦予他人能力。

志願服務

參與志工工作，幫助社會中需要幫助的人們。志願服務提供了機會，通過無償的工作和奉獻，改

善社區和個人的生活品質。

　　無論你的專業領域或興趣是什麼，都存在許多方式可以通過解決問題和提供價值來對社會產生積極的影響。這種影響不僅能夠豐富你自己的生活，還能幫助他人，同時推動社會的進步和改變。

成功案例帶來的啟發

　　以下分享幾個大家耳熟能詳的成功個案，讓我們看看他們是如何在困難中找到機會並創造價值：

賈伯斯和蘋果的崛起

　　當年史蒂夫・賈伯斯創建蘋果公司時，他面臨著極大的競爭，特別是來自 IBM 的競爭。然而，他看到了個人電腦的潛力，並相信它可以成為家庭和企業的必需品。

　　在 1970 年代初期，當個人電腦市場仍然處於初級階段時，史蒂夫・賈伯斯和史蒂夫・沃茲尼克共同創建了蘋果電腦公司。他們的目標是為普通人提供簡單易操作的個人電腦，解決當時硬體和軟體複雜性的問題。這個問題成為了他們的機會，他們創造了蘋果 I 和蘋果 II，重新定義了個人電腦的概

念，並爲未來的產品奠定了基礎。

蘋果公司在 2000 年代初期推出了 iPod、iPhone 和 iPad 等產品，這些產品完全改變了音樂、通訊和娛樂的方式。儘管之後在市場上遇到了許多問題，但賈伯斯總是將這些問題視爲重新思考和改進的機會，並透過簡化、美化和整合不同技術來實現這些產品，最終將蘋果變成了全球最具價值的公司之一。

馬斯克和改變交通與太空探索

伊隆‧馬斯克是一位美國的創業家和創辦人，以改變交通和太空探索而聞名。他創建了多家知名公司，包括特斯拉、SpaceX、和 SolarCity，每一家都致力於解決全球性的問題。

特斯拉是一家致力於電動汽車和可再生能源的公司。馬斯克看到了傳統燃油汽車對環境的不利影響，因此創建了特斯拉，推動電動車技術，同時也提供清潔能源解決方案。

SpaceX 是一家太空探索公司，旨在實現太空飛行的可持續性和可負擔性。馬斯克夢想著人類可以成爲一個多行星物種，並將人類送上火星。他的公

司致力於降低太空飛行的成本，並發展可重複使用的火箭技術。

　　SolarCity 是一家太陽能能源公司，提供太陽能發電和儲能解決方案。這有助於減少對化石燃料的依賴，同時提供清潔、可持續的能源。

　　伊隆·馬斯克的例子強調了如何**以個人創辦者看到全球性問題中的機會，並透過創新和創業精神來解決這些問題**。他的工作不僅在交通和太空領域創造了價值，還在可持續能源和環境保護方面發揮了重要作用。他的願景和才華使他成為全球創新和影響力的代表之一，並對改變世界產生了深遠影響。

黃仁勳和推動計算及 AI 革命的故事

　　黃仁勳是美國的一位企業家，也是 Nvidia 公司的共同創辦人，他因為改變了計算和 AI（人工智慧）的發展方式而聞名。Nvidia 最初專注於提升電腦遊戲的畫面品質，但黃仁勳有著更宏大的願景，他想將公司引領至 AI 技術發展的最前線。

　　隨著時間推進，Nvidia 的技術被發現非常適於讓電腦進行學習和模仿人類決策的過程，這種技術

被應用在從自動駕駛汽車到幫助醫生診斷病症等各個領域。黃仁勳看到了 AI 在解決全球挑戰中的巨大潛力，因此他帶領公司不斷創新，支持這些關鍵領域的發展。

在黃仁勳的指導下，Nvidia 開發了專為 AI 設計的新型電腦晶片，這些晶片加速了電腦的學習和決策過程。

這一創新不僅推動了 AI 技術的進步，也為 Nvidia 帶來了巨大的商業成功。

除此之外，黃仁勳還推出了一個平台，讓更多開發者能夠利用這些強大的 AI 技術。這個舉措加速了從科學研究到新藥開發等領域的創新過程，使這些工作能夠更快、更有效地進行。

黃仁勳的貢獻不僅推進了計算和 AI 技術的發展，他的遠見和創新也展示了科技帶來的無限可能性，將 Nvidia 推向了這個領域的全球領導地位。他對於推動科技進步和解決全球問題的影響深遠，展現了創新克服挑戰的力量。

實踐並創造價值

　　成爲一個價值創造者需要我們發展解決問題的能力，尋找機會來創造價值，並透過不同的方式來實現這個目標。我們可以從成功案例中汲取靈感，瞭解如何在困難中找到機會並持續創造價值。無論你是一個創業家、一名專業人士還是一位學生，都可以透過這些原則和策略來發揮自己的潛力，爲自己和社會帶來積極的影響。希望這些觀點能啟發你，激勵你在生活和事業中不斷創造價值。

3-3 發現自我實踐之路

描繪一份能充分展現你的工作

在這個瞬息萬變的世界中，工作不僅僅是為了謀生，而更應該是一種實現自我的機會。每個人都有獨特的天賦、熱情以及可貢獻的價值，這些獨特之處在這個多元化的社會中具有巨大的價值。然而，許多人卻發現自己埋沒在不適合他們的工作中，無法充分發揮潛力，這不僅對個人造成了困擾、產生職業倦怠，還浪費了社會寶貴的資源。

本篇主要目標是為你提供實際的指南和策略，幫助你探索和實現一份可以充分發揮自己才華和熱情的工作。我將引導你透過自我認識、價值觀的建立、職業選擇和實踐，來實現這一目標。不論你是一名學生、專業人士還是正在尋找新機會的人，這些指南都將有助於你更好地探索自己，找到合適的工作，並實現更有意義的生活。

請和我一起深入探討，發現你的天賦、熱情和價值觀，並將它們轉化為一份可以實踐自我的工作。這不僅是關於個人成長，也關係到對自己和社

會的貢獻。

建立與天賦和熱情相符的價值觀

　　爲什麼找到一份與自己天賦和熱情相符的工作如此重要呢？這不僅關係到個人的幸福感和生活滿意度，也關係到工作的意義和價值。當你的工作能夠充分發揮自己的才華和熱情時，它將成爲一個持久的動力，推動你追求卓越。這種卓越不僅改善了你的生活，還對社會產生了積極的影響。

　　建立一個與你的天賦和熱情相符的價值觀，對於找到一份實踐自我的工作有著深遠的意義。這不僅有助於確保你所選擇的工作與你內在核心價值觀一致，還有助於培養深刻的職業滿足感，因爲你正在參與一項與自己真正關心的事物的相關的工作。

　　你的天賦和熱情是你個人寶貴的資源，它們代表了你在特定領域或活動中的優勢和動力。因此，確立與這些內在特質相符的價值觀是確保你的工作令自己滿意的關鍵因素之一。你的價值觀應該反映出你的天賦和熱情，以便在工作中充分發揮這些優勢。

職業選擇和市場需求的結合

　　爲了尋找一份可以實踐自我的工作，不僅需要瞭解自己的天賦、熱情和價值觀，還需要考慮市場需求和機會，以及你所能提供的價值。以下是如何結合這些因素來做出職業選擇的方法：

探討自己的天賦、熱情和價值觀

　　一開始，花時間自我反省，評估自己的天賦（擅長的能力、優勢）、熱情（對特定主題或活動的強烈興趣）和價值觀（你認爲重要的原則和信仰）以及你所能貢獻的價值。這個過程有助於明確你的個人特質和優勢。

確立職業目標

　　當你更清楚自己的天賦、熱情和價值時，可以開始確立職業目標。這些目標應該反映出你希望在職業生涯中實現的具體項目，例如成爲一名藝術家、環保活動家、醫療專業人員等等。

考慮職業選擇

　　當你確立了職業目標後，開始考慮不同的職業選擇，這些選擇應該與你的目標和個人特質相符。例如，如果你的天賦和熱情在藝術領域，那麼合適

的選擇可能是藝術家、設計師、藝術教育家等職業。

分析市場需求和機會

　　此外，不僅僅要考慮自己的興趣和特質，還需要分析市場需求和機會。這包括研究特定職業領域的就業前景、行業趨勢和潛在的增長領域。確保所選工作在市場上有實踐價值，並且存在機會發展。當然，你也可以發現市場的缺口，根據市場上尚未存在的需求提供解決方案。

資源和培訓

　　當你選擇了特定的職業方向後，請考慮所需的資源和培訓。這可能包括學術課程、技能培訓、導師指導等，以確保你具備成功從事所選工作所需的能力和知識。

設立目標和計畫

　　最後，設立明確的職業目標並制定行動計畫。這可以包括短期和長期目標，以及步驟和時間表，幫助你實現這些目標。定期檢查和調整計畫以確保你在實踐自我的道路上保持正確的方向。

尋求反饋和指導

與教練、導師、同事或朋友分享你的職業目標和計畫，並尋求他們的反饋和指導。他們的觀點和經驗可能會幫助你更好地理解自己的職業道路，並提供實際的建議。但不論參考多少外界的意見，最重要的還是要回歸自己的心，尊重自己的心之所向。

不斷學習和成長

職業生涯是一個不斷學習和成長的過程。要保持競爭力，你或許需要持續學習新的技能、追蹤市場趨勢並不斷改進自己的職業知識。這可以透過參加培訓課程、閱讀相關書籍和文章，以及參與行業活動來實現。當然，你也可以透過任何適合自己的方式來精進專業。

保持靈活性

職業生涯中的變化是不可避免的，所以要保持靈活性。有時候，你的職業目標可能會改變，或者市場需求可能會變化。不要害怕調整自己的計畫，以應對新的情況。

堅持不懈

　　實現職業目標需要時間和努力。在面臨挑戰和困難時，要堅持不懈，相信自己的能力，並繼續前進。自我實踐是一個長期的過程，但當你最終實現自己的職業目標時，將會感到極大的滿足和成就感。

自我實踐之旅：發掘自身價值，實現職業夢想

　　融合自身天賦、熱情、價值觀，以及市場需求和機會的深度分析，你將更有信心選擇一份工作，確保它不僅符合你的內在特質，還具有實際價值。這種全面的方法有助於塑造一個讓你感到滿足和成功的職業生涯。

　　這些建議有助於你建立明確的職業目標和計畫，為實現自我實踐而不懈奮鬥。每個人的職業之路都是獨一無二的，因此你需要根據自身情況和目標來制定計畫，保持堅持，信任自己，你就能夠實現職業夢想。

　　在這個充滿機遇和挑戰的職業世界中，找到一

份能夠實踐自我的工作是實現個人幸福和成就的關鍵。我們的天賦、熱情和價值觀是獨特的寶藏,將它們轉化為具體的職業道路可以帶來持續的滿足感和成功。

透過建立與天賦和熱情相符的價值觀,我們能夠確保我們的工作不僅僅是一份職業,更是一種生活方式,實現夢想和目標的途徑。尋找與自己特點相匹配的工作雖然不容易,卻非常值得。

當你走上實現自我的道路時,請保持靈活,持續學習,尋求反饋,堅持不懈。無論目標有多遙不可及,只要相信自己,最終你將能夠實現它們。這不僅會改變你的生活,還將為社會帶來更多的價值和創造力。

所以,現在就開始你的自我實踐之旅吧。發現自己的天賦,追尋你的熱情,建立價值觀,選擇一份與你的內在一致的工作,然後全力以赴實現你的職業夢想。這將是充滿挑戰和成就的旅程,但最終,它將為你帶來無比的滿足和意義。

3-4　未來工作

趨勢、機會和挑戰

　　工作，對於我們每一個人而言，都是生活中不可或缺的一部分。它不僅代表了我們賺取生計的途徑，更是實現夢想、追求抱負和自我實現的重要旅程，也是蓋洛普發現構成個人幸福感的五大要素之一（工作、社交、財務、健康、社區）。然而，這個重要的生活元素正在經歷前所未有的變革，塑造了我們未來的職業生涯、工作方式和價值觀。

　　隨著 AI 時代的演進，工作環境正受到各種力量的影響，從科技的快速發展、全球化的擴張、環境永續性的急迫需求，到社會文化的轉變。所有因素都使未來工作變得更多樣、更具挑戰性，同時也帶來了無限的機遇。

　　工作已不僅僅是賺錢的途徑，它也成為了實現夢想、推動社會進步和個人成長的途徑。因此，我們有必要深入瞭解這些變化，探索未來工作的趨勢和可能性。

　　本文將以宏觀角度分析這個關鍵主題，揭示未

來工作的各個方面,並引導你思考,在這個不斷變化的職業世界中如何適應和茁壯成長。這是一場關於工作的旅程,一個充滿挑戰和機遇的未來等待著我們去探索。

科技驅動的變革

科技正以前所未有的速度和深度改變著我們的工作環境和職業生涯。這種變革的核心在於資訊科技的發展,包括機器學習、人工智慧和自動化技術等。無論你是辦公室職員還是管理顧問,都難以避開資訊科技所帶來的變革浪潮。這種變革已不僅僅限於特定行業,而是廣泛影響著各行各業的工作方式和需求。

資訊科技的崛起

資訊科技的崛起改變了我們辦公桌上的一切。辦公軟體和協作工具的普及使遠程工作和虛擬辦公室成爲現實。這種轉變不僅提高了工作的靈活性,還改變了傳統的辦公環境。疫情之後,遠距工作和跨國團隊合作成爲日常工作的一部分。

數據資料的新角色

　　資訊科技還將大數據和數據分析引入了職場。這意味著我們不再僅僅依賴於直覺或經驗，決策過程現在更加數據化驅動。從市場趨勢到客戶反饋，數據分析幫助企業制定更明智的策略。這也為那些擅長數據解讀和分析的專業人士提供了更多的職業機會。

自動化和 AI 的影響

　　自動化和人工智慧的發展正在改變我們的日常工作。重複性任務和流程現在可以自動化，從而節省時間和資源，AI 工具成為人們有利的副駕駛。這一變革催生了新興職業，如機器學習工程師和 AI 倫理師，他們專注於開發和監督這些技術的應用。

與 AI 協作的能力

　　然而，這種變革也提醒我們，持續學習是職場工作者的必備技能。要應對不斷變化的工作環境，我們需要不斷升級我們的數位和技術能力，以確保自己的競爭力。未來，初級的 0-60 工作（一些基本的、重複性的工作或任務，可能需要較少的技能和思考）都將被科技所取代，我們的價值，便是將科

技的產出從 60 提升至 100（需要更多的技能、創造力、分析和策略性思考的能力）。能夠與 AI 對話，下達精確的指令讓 AI 協助你工作，將是未來勝出的關鍵能力。

　　資訊科技的崛起已經深刻地改變了各產業的職場樣貌。這種轉變既帶來了挑戰，也帶來了機會。關鍵在於如何適應和利用這些變革，以實現個人和職業生涯的成功。

靈活工作和遠距工作

　　現代的工作方式已經從傳統的辦公室模式演變為多樣化和靈活的模式。這種變革包括遠距工作、自由職業和接案工作等新興工作方式。這種演變主要受到科技的推動，使人們能夠更靈活地管理自己的職業生涯。

科技在實現靈活工作的角色

　　資訊科技在實現靈活工作方式中扮演著關鍵角色。遠距辦公已經成為一種越來越普遍的工作方式，疫情之後更有許多公司還是維持著混合式的工作模式，讓員工可以不必每天進公司上班。

工作和生活平衡的重要性

　　靈活工作方式的興起強調了工作和生活平衡的重要性。有越來越多的企業也讓員工選擇彈性的工作時間和工作地點，以滿足個人需求和家庭責任。這種平衡有助於員工提高生活品質，減少工作壓力，並增強幸福感。

遠距工作的優勢和挑戰

　　遠距工作的優勢包括無需通勤、更高的工作自由度以及工作或員工選擇的更大彈性。這種方式還有助於減少營運成本，並降低交通擁擠和汙染。然而，遠距工作也存在一些挑戰，最明顯的是可能的人際疏離感和溝通困難。由於工作地點的不同，團隊合作和有效溝通變得更具挑戰性。此外，有些人可能難以區分工作和休息時間，導致工作壓力增加，尤其是需要與跨時區的同事協作的工作者。

　　現代工作方式的演變為我們帶來了更多的選擇和靈活性，同時也提醒我們工作和生活平衡的重要性。資訊科技在實現這種變革中扮演了重要的角色，使遠距工作成為現實和日常。儘管遠距工作帶來了許多優勢，但我們也應該認識到其中的挑戰，

並尋求解決方案以實現更好的工作體驗。

綠色和永續發展

在面對全球氣候變化和自然資源枯竭等挑戰時，永續發展已經成為一個不可避免的議題。永續發展旨在滿足當前需求，同時確保不損害未來世代的需求。這一理念深刻影響著未來工作的發展，並將塑造新興的綠色職業領域。

綠色職業的興起

隨著對永續發展的關注不斷增加，綠色職業領域正蓬勃發展。這些職業專注於解決環境和永續性挑戰，並在實現環境保護目標的同時創造就業機會。綠色職業包括可再生能源工程師、環境科學家、綠色建築師、碳管理專家、ESG（環境、社會和公司治理）顧問等。這些職業的共同目標是尋找和實施解決方案，以減少對地球資源的負擔，同時為社會和經濟帶來利益。

永續職業的市場需求和機會

永續職業的崛起反映了市場對環保、社會責任和良好治理不斷增長的需求。越來越多的企業和投

資者重視 ESG 原則，這促使他們尋求具備相關專業知識和技能的專業人士，以實施和監測永續性計畫。碳權市場的發展也成為一個重要的議題，企業和政府需要碳管理專家來協助管理和減少碳排放，以實現淨零碳排的目標。因此，綠色職業領域的市場需求將持續擴大，為就業機會提供了廣闊的前景。

綠色創新帶來的經濟增長

綠色創新被視為實現永續發展的關鍵，它促使企業和政府尋找更環保、更有效率的方式來生產和消耗資源。這種創新帶來了經濟增長，並擴大了永續職業的領域。例如，可再生能源技術的快速發展已經創造了大量的工作機會，包括太陽能和風能領域的工程師、技術人員和銷售專家。同時，綠色建築和永續設計的興起也激發了相關職業的需求，進一步推動了經濟增長。

永續發展已經成為未來工作的關鍵主題，它不僅引領了新興的綠色職業，還在市場中創造了就業機會。我們正處於轉型時期，這將塑造未來工作的方向，並為解決當前的環境挑戰提供了希望和機

會。碳權市場的發展也為永續職業領域注入了新的活力，使我們更有信心地邁向綠色、永續和淨零碳排的未來。

社會和文化變革

多元化和包容性不僅僅是價值觀，它們也是企業成功的關鍵要素。企業投入越來越多的關注在如何於工作場所中創建一個包容的環境，並招聘、培養和保留多元化的人才。這包括種族、性別、性取向、宗教信仰、年齡和殘疾等多個方面。多元化的團隊具有更廣泛的觀點，更好地反映了客戶和市場的多樣性，這有助於創建更有競爭力的企業。

DEI 的重要性
DEI-Diversity Equity   Inclusion

多元化、平等和包容性已經深刻融入企業社會責任的核心價值觀之中。這種轉變不僅僅出於道德和倫理考量，更是因為 DEI 對企業的長遠成功產生了深遠的影響。研究不僅顯示多元化的工作團隊更傾向於激發創造力和創新，還能夠更好地迎合多樣客戶的需求。實踐 DEI 的方式之一是認識和尊重每位成員獨特的天賦優勢，這種尊重和欣賞不同之處

的態度，有助於輕鬆打造一個多元、平等且包容的職場環境。

柔性工作和工作價值觀

　　社會和文化的變革還鼓勵人們重新評估工作的價值觀。越來越多的人追求有意義的工作，重視工作與生活的平衡，並關心企業的社會責任。這種變革促使企業更加關注員工的福祉，並提供具有意義的工作機會。

對工作價值觀的重新思考

　　工作價值觀正在從純粹追求金錢和地位轉向追求個人滿足感、社會影響和工作和生活平衡。這種變革驅使人們尋求與其價值觀相符的工作，並追尋更具意義和有目標的職業生涯。越來越多的企業也關注員工的幸福感，提供靈活的工作安排，並將社會責任納入其業務戰略。

企業社會責任（CSR）和永續性

　　企業社會責任已經成為企業的核心價值觀之一。企業著重提高其對社會和環境的影響，並積極參與可持續性倡議。這包括減少碳排放、支持社區發展、提高供應鏈的透明度等。企業的 CSR 努力

不僅符合社會期望，還有助於建立可持續的品牌形象，吸引更多的消費者和投資者。

塑造未來工作：學習、適應、開放

社會和文化變革正在重塑工作場所的價值觀和營運方式。多元化和包容性、DEI 和企業社會責任已經成為企業成功不可或缺的部分。同時，人們對工作的價值觀也在變化，越加注重個人滿足感、社會影響和工作和生活平衡。這種變革在形塑未來工作的同時，也提供了更多的機會，以建立更具意義和持續性的職業生涯。

未來工作將在多個方面發生變革，包括科技驅動的變革、靈活工作和遠距工作、綠色和永續發展，以及社會和文化變革。這些變革帶來了無限的機會，同時也帶來了挑戰。為了成功應對未來工作的挑戰，我們需要不斷學習和適應，不斷鍛鍊自身的天賦、提升自己的技能和知識，並保持開放的思維模式。

未來工作的關鍵在於多方面，從科技技能到人際交往能力、從創新思維到多元文化的理解。通過

不斷學習、持續發展，我們可以更好地應對未來的
不確定性，實現個人和職業生涯的成功。最重要的
是，我們應該保持開放的思維，樂於接受新的機會
和挑戰，最佳地運用自身的天賦潛能，以熱切期待
未來工作的精采旅程。

04

活出人生使命

你想要去哪？

04
活出人生使命

人生戰略方程式：啟動天賦 × 點燃熱情 × 創造價值＞＞活出人生使命

　　活出人生使命並非一夜之間的轉變，而是深思熟慮的過程，涉及到理解和結合個人的天賦、熱情與價值觀。本書前三篇分別探討了這三個要素，並將它們融合為一個強大的方程式：啟動天賦乘以點燃熱情乘以創造價值，最終實現活出人生使命。這個方程式提醒我們，真正的成就和滿足來自於發掘自己的獨特才能，追隨內心的熱情，並將這些資源轉化為對社會有意義的貢獻。當我們能夠將這些元素結合，不僅為自己的生活賦予深刻的意義，也能為世界帶來積極的變化。

4-1 拋開外界的看法與束縛

找回心之所向

　　生活是一場充滿選擇和決策的旅程。然而，這些選擇是否真正反映了我們內在的渴望，或者僅僅是外界期望和社會看法呢？當過度關注外界的看法和受到種種束縛時，我們可能會迷失自己，忽略內心真正的聲音。讓我們一起來學習如何拋開外界的看法與束縛，找回真正的心之所向，並實現更有意義和自主的生活。

我們總是在意外界的期待

　　外界充滿了各種聲音，這些聲音來自社會、家庭、朋友、媒體，甚至是陌生人。這些聲音也可能來自社會期望，它們告訴我們應該成為什麼樣的人、擁有什麼樣的職業、達到什麼樣的社會地位。它們也可能來自家庭的期待，家人希望我們選擇一條特定的職業道路、結婚、生子，或者追求他們認為正確的生活方式。

　　媒體和社交網路的影響也變得越來越大。我們

經常受到社群媒體上別人看法的影響，他們的成功故事、生活方式、外表，都可能對我們產生壓力，讓我們感到自己似乎不夠好。這些外界因素也許對我們的價值觀和生活選擇產生了深遠的影響。

然而，這種影響不一定是正面的。有時，我們可能會被迫選擇一條不符合我們內在渴望的道路，因為它符合外界期望。這種過度關注外界看法的行為可能會導致一系列問題，包括喪失自主權、自尊心受損、心靈虛無感和過著不真實的生活。

外界期望的負面影響

由於長期地關注外界的聲音與期待，我們以為外界的標準才是世界唯一的標準，也或許認為從眾或是符合大眾期待才是最安全的選擇。然而，這些和自己內心無關的外界期望和社會看法，已經對我們的生活造成了深遠的負面影響。

喪失自主權

當過分關注他人的期望時，我們可能會失去對自己生活的掌控權。我們變得容易受他人的影響，無法做出真正符合自己內在渴望的選擇。我們變得

如同操縱下的傀儡，不再是自己生活的主人。

自信心受損

　　對外界評價的過度關注可能會對自尊心和自信造成嚴重損害。當我們總是試圖迎合他人的期望，卻無法滿足這些期望時，我們可能會感到挫敗和不值得。我們開始質疑自己的價值，甚至感到自己是一個失敗者。

心靈虛無感

　　如果我們的生活和選擇完全基於外界期望而非內在渴望，我們可能會感到內心虛無。這種虛無感可能導致情感空虛和不滿足。我們可能會在生活中感到缺乏目標和意義，因為我們追求的是別人的夢想，而不是自己的。

生活不真實

　　過度關注外界期望可能導致我們過著不真實的生活。我們可能會選擇追求一個不是真正屬於自己的生活道路，而是別人期望我們走的道路。這種不真實的生活可能會讓我們感到沮喪和迷失，因為我們知道自己本應走上不同的路。

尋找心之所向的重要性

　　瞭解了外界期望和社會看法可能對我們的生活造成的負面影響，接下來，讓我們探討為什麼要找回內心眞正的嚮往，以及如何找回眞正的心之所向？這個問題關乎我們生活的意義和目標。

實現內在和諧

　　當我們的行動和選擇與內心的聲音一致時，我們會感到更加和諧和平衡。這種和諧不僅體現在我們的內心狀態中，還反映在我們的生活中。我們不再感到分裂，不再爲了滿足外界期望而感到焦慮。我們的內心和外在生活達成了和諧的狀態。

追求眞正的目標

　　外界期望可能會導致我們追求與自己的眞正渴望不符的目標。而當我們找回眞正的心之所向時，我們開始追求那些對我們而言眞正重要的目標和使命。我們不再滿足於過著別人設定的生活，而是開始追求屬於自己的夢想。

提高生活滿足感

　　當我們過著符合自己內在渴望的生活時，通常會帶來更強烈的生活滿足感和幸福感。這是因為我

們不再被迫過著不符合自己內心需求的生活，而是可以追求真正讓我們感到快樂和滿足的事物。我們體驗到的幸福感更為深刻，因為它源於對自己的真正瞭解和尊重。

發揮天賦與潛能

　　每個人都有獨特的潛力和才華，而聽從內心的聲音有助於我們充分發揮這些潛能。當我們不再受制於外界期望時，我們有更多的機會發展自己的天賦，追求自己的興趣，並在自己擅長的領域取得成就。我們變得更有信心，更有動力去追求自己的目標。

尋找生活的真正意義

　　拋開外界束縛有助於我們發現生活更深層的意義。當我們追求自己的內在渴望和使命時，我們更有可能在生活中找到真正的意義和目標。我們不再感到生活是一場空洞的遊戲，而能夠體驗到生命的豐富和深度。

實踐尋回心之所向

現在，讓我們討論一些實際的方法，如何拋開外界看法與束縛，找回內心真正的嚮往。

自我反思

首先，要尋回真正的心之所向，我們需要進行深刻的自我反思。這意味著認真思考自己的天賦、熱情、價值觀和目標。問自己以下問題可能會有所幫助：

我究竟是誰？我有什麼獨特之處？

我的生活選擇是否反映了我的價值觀和渴望？

我是否感到內心虛無或不滿足？如果是，是什麼造成了這種感覺？

培養自我意識

自我意識是拋開外界束縛的關鍵。透過培養自我意識，我們更能理解自己的需求和願望，並做出更明智的選擇。以下是一些培養自我意識的方法：

冥想和靜心：定期花時間冥想和反思自己的內心狀態。

日記寫作：寫日記可以幫助我們更深入地瞭解自己的想法和情感。

尋求反饋：向信任的朋友或專業的教練尋求反饋，以瞭解自己的盲點。

設立個人目標

　　設立個人目標可以幫助我們集中精力，確保我們的生活選擇反映了我們的內在渴望。這些目標可以涵蓋各個層面，包括職業、個人成長、家庭和社交生活。確保你的目標是根據你自己的價值觀和願望設定的。設立目標可以幫助我們更有方向感地前進，不再迷失於外界的聲音之中。

學會說不

　　有時拒絕他人的要求是必要的，特別是當這些要求與我們的內在渴望不符時。學會說不，可以幫助我們保護自己的時間和精力，以追求真正重要的事物。畢竟，你才是自己人生的領航員，沒有人可以為你的生命負責。

接受自己

　　最重要的是，**全然接納自己，不需要要求自己樣樣完美**。每個人都有強項和弱項、天賦和非天賦，這是人類的本質。接受和擁抱真實的自己，不需要成為別人，才是實現真正自我和拋開外界束縛

的關鍵。當我們接受自己時，我們才能夠真正自由地追求自己的夢想和內心的渴望。

走向真正自我：拋開外界期望的勇敢之旅

拋開外界的看法與束縛、找到心之所向是實現真正自我、尋找個人使命和意義的重要一步。我們生活在一個充滿外界期望的世界，但只有當你勇敢地追求自己的內在渴望時，才能找到生活的真正意義。通過自我反思、培養自我意識、設立個人目標、學會說不和接受自己，可以逐漸擺脫外界束縛，實現更自主和真實的生活。

這是一段具有挑戰性但充滿成長和滿足感的旅程，值得我們追求。勇敢地追尋你的內心，找回真正的自我，並活出屬於你的獨特人生。不論外界的聲音有多大，內心的聲音永遠是你最真實的指南針。

4-2 解密人生戰略方程式

重拾自主權、尋找人生目標

　　自主權是個人成長和幸福的基石。它讓我們能夠在生活中做出自主的、明智的選擇，而不是受到外界壓力的影響。具備自主權意味著我們可以追求自己的目標、價值觀和夢想，而不受他人的期望左右。這種自主性不僅對個人有益，還有助於建立更堅固、更具幸福感的社區和社會。

自主權和幸福

　　研究顯示，擁有更多的自主權與更高的幸福感和生活滿意度之間存在正相關。當我們能夠自主地追求熱情和目標時，我們更有可能感到充實和幸福。相反，當我們感到受限於他人的期望和壓力時，我們可能會感到沮喪和不滿。

自主權和個人成長

　　自主權還促進了個人成長和發展。當我們可以自由地選擇自己的行動和目標時，我們更容易學到

新的事物，發現新的興趣，並實現自己的潛力。自主性讓我們成為更有創造力、更具適應性的個體，有助於克服生活中的挑戰。

自主權和自我價值

擁有自主權還有助於塑造自我價值觀。當我們能夠自主地追求我們認為有價值的事物時，我們更容易感到自信和自尊。相反，如果我們總是受制於他人的期望，可能會質疑自己的價值和能力。

因此，當我們學會不再透過外界的眼光、價值觀來評斷自己之後，下一步就該是尋找出什麼是屬於我們的人生意義與目標。這種追求不僅激發著我們前進的動力，還能夠增加生活的滿足感和幸福感。

還記得前面幾個篇章我們談了如何啟動天賦、點燃熱情與創造價值，現在該是把這些屬於你獨有的元素整合起來，找出交集點，來將你的人生目標、人生使命顯化出來，描繪出專屬於你、獨一無二的人生戰略方程式。

人生戰略方程式

Life Strategy Equation

人生戰略方程式是一種由我創造，簡單而強大的工具和策略，幫助我們找到個人的人生目標和生活意義。它由三個主要元素組成：天賦（Talent）、熱情（Passion）、價值觀（Value），用以下的公式表示：

人生戰略方程式：**啟動天賦（潛力）× 點燃熱情（驅動力）× 創造價值（創造力）＞＞活出人生使命與意義。**

讓我們深入瞭解這三個元素，以及它們如何相互作用，幫助我們找到人生的方向和目標。

啟動天賦（潛力）

天賦是我們與生俱來的優勢和能力。每個人都擁有獨特的天賦，這些能力在我們做某些事情時會讓我們感到出色和自信。發現自己的天賦可以通過嘗試新的活動、探索不同的技能和聽取他人的反饋來實現。天賦是你的個人強項，是你在特定領域脫穎而出的能力。

天賦是整個方程式的核心和起點，它的啟動釋放了潛力，推動熱情和價值觀的發展，最終聚焦在生命的真正意義和使命——那個指引我們人生的燈塔上。

熱情（驅動力）

熱情是我們對某些活動或主題的深切興趣。當我們投入到充滿熱情的事物中時，我們往往感到充滿能量和動力。要找到你的熱情，嘗試問自己：「我最喜歡做什麼？我在做哪些事情時感到最快樂？哪些時候會進入心流？」熱情是你的心靈火焰，是你內在的驅動力，可以激發你做出非凡的成就。

每個人都擁有獨特的天賦，然而，只有當你的熱情與你的能力相輔相成時，才能真正推動你邁向特定目標。熱情是激發天賦的動力與燃料，透過這兩者的結合，我們才能夠邁向下一個階段。

價值（創造力）

價值觀是我們對生活和社會的核心信仰和價值觀念。瞭解自己的價值觀可以幫助我們確定哪些目標和活動與我們的價值觀相契合。找出自己可貢獻之處也是為他人解決問題、提供價值的具體實現。例如，如果你重視社會公益和協助他人，那麼參與志願服務可能會成為實現目標的途徑。價值觀是你的道德指南，是你的核心信仰，可以指引你走向有

意義的生活。

　　天賦和熱情的結合，同時考慮到可創造的價值，是我們找到那個特別的焦點的關鍵。它們形成了一個三位一體的力量，引導我們走向既擅長又喜愛的領域，同時也能為他人帶來實實在在的價值。**三個元素所交集的甜蜜點，不僅能讓我們充分發揮個人潛能，還會引導我們找到人生的方向和生活意義。**

　　這是我們在人生旅途中尋求的那個關鍵交會點，它同時充滿樂趣和充實感。當你發現自己的天賦、培育你的熱情，並將它們轉化為創造性的價值時，你不僅在追求自我實現，還為他人和社會做出了寶貴的貢獻。這是一條充滿意義的道路，它的指引是你內心的聲音和對自己的信仰。

　　找到人生的意義和方向是每段人生的重要課題，而這項人生戰略方程式則充當了一個加速器，協助你更輕鬆、更有信心地踏上這段充滿探索的旅程。

　　以下是一些實際案例，展示了個人如何找到他們的天賦、熱情和價值觀的交集點：

創業家的故事

　　一位創業家發現自己具有卓越的溝通和領導能力（天賦），並對環保議題充滿熱愛（熱情）。同時，他的價值觀包括環保和社會責任（價值）。因此，他創辦了一家以可持續發展為使命的綠色企業，成功將自己的能力、熱情和價值觀結合在一起，實現了他的人生目標。

教育家的故事

　　一位教育家發現自己擁有對孩子的耐心和啟發力（天賦），對教育事業充滿熱情（熱情），並高度重視教育的價值觀（價值）。因此，他選擇成為一名教育家，致力於啟發學生，同時推動教育改革，實現了他的人生目標。

藝術家的故事

　　一位藝術家天生具有藝術天賦（天賦），對藝術創作充滿熱情（熱情），並高度重視自由表達和創造的價值觀（價值）。他透過藝術表達自己的情感，同時將藝術作品分享給社會，傳遞他的價值觀和生命意義，實現了他的人生目標。

啟發內在潛能：探索你的人生戰略方程式

這些案例說明了，找到天賦、熱情和價值觀的交集點可以引導個人朝著有意義的生活方向前進。通過認識自己，不斷探索，以及堅持追求符合內在價值觀的目標，你也可以找到屬於自己的人生目標和生活意義。擁有明確的人生目標對於個人成長至關重要。它提供了方向、驅動力、增加滿足感，並賦予生活更深層次的意義。

人生目標是你的燈塔，照亮前方的道路，讓你的旅程更加充實有意義。現在，試著尋找你的天賦、熱情和價值觀的交集點，並讓它們成為你人生戰略方程式的一部分，引導你走向更有意義、更充實的未來。

4-3 適應 BANI 時代

克服挫折，實現使命的關鍵

　　每個人都擁有一個獨特的使命和目標，但這條實現目標的道路並不平坦。挫折和困難似乎總是不期而至，考驗著我們的堅持和毅力。然而，我們不應該讓挫折成為實現夢想的絆腳石，而是應該視之為通向成功的必經之路。這裡將帶大家來探討挫折的本質、克服挫折的策略，以及在 BANI 時代的心理素質調適，幫助你實現自己的人生使命。

迎接 BANI 時代的挑戰

　　BANI 是繼 VUCA (註5) 之後最近這幾年崛起的新名詞，代表著不確定性、變化、複雜性和模糊性的時代已悄悄來臨。在這個充滿了挑戰和機會的時代，其中的變化和不確定性也讓我們更難以預測未來。

....

註 5：VUCA 是一個縮寫，代表著「波動性」（Volatility）、「不
　　　確定性」（Uncertainty）、「複雜性」（Complexity）和
　　　「模糊性」（Ambiguity），用來描述現代環境中的不穩定
　　　性、不確定性、複雜性和模糊性。

BANI 時代的特徵包括：

脆弱性（Brittle）

事物變得脆弱，因為變化發生得如此之快，傳統的方法和解決方案變得不再適用。這種脆弱性使我們需要更具適應性的方法。

焦慮（Anxiety）

源於當前時代的不確定性和複雜性，這種焦慮可能來自於對未來的不確定性，社會變革的速度，或是面對不斷變化的環境所引起的壓力。

非線性（Non-Linear）

事物的發展和變化通常呈現非線性的趨勢，這意味著單一事件可能引發不成比例的後果。這種不穩定性要求我們更靈活地應對。

難以理解（Incomprehensible）

許多情況下，我們很難理解事情的運作方式，因為它們變得非常複雜。這使得預測變得更加困難。

這種 BANI 時代的環境對追求個人使命和實現人生目標帶來了新的挑戰。傳統的方法和策略可能不再適用，我們需要更具彈性、適應性和穩定的情

緒智慧來因應變化和挫折。

靈活性和適應性

在 BANI 時代，靈活性和適應性變得不可或缺。靈活性是指我們的能力去適應不斷變化的環境和情勢，而適應性是指我們的能力去調整自己的行為和策略以應對新的挑戰。這兩種特質能幫助我們更好地應對 BANI 時代的不確定性和複雜性。

靈活性使我們能夠變通和適應，不僅在個人生活中，還在職業生涯中。它要求我們不斷學習和發展新的技能，並能夠放棄過時的觀念和方法。靈活性還包括情感靈活性，即我們能夠適應情感上的變化，並快速恢復正常。

適應性是在面對困難和挫折時的一種心理彈性。它要求我們能夠適時調整目標和策略，以應對新的情況。有時候，原本看似挫折的事件可能會引發更好的機會，只要我們能夠靈活地調整自己的方向。

舉例來說，在職業生涯中，一個人可能會面臨行業變革或失業，這是挫折的一種形式。然而，那些擁有靈活性和適應性的人可能會轉向新的領域，

發現新的機會，並實現他們的使命。

情商智慧

在 BANI 時代，情商智慧變得尤為重要。情商智慧是指我們的能力去理解、管理和應對自己和他人的情感。這種智慧幫助我們更好地處理壓力、挫折和不確定性。

具備情商智慧的人更能夠冷靜地應對壓力，並做出明智的決策。他們能夠理解自己的情感反應，並採取適當的行動，而不是被情感所左右。同時，他們也能夠理解他人的情感，建立更好的人際關係。

情商智慧幫助我們適應變化，並幫助我們更好地理解自己和他人。這種智慧也有助於我們保持心態的穩定，不被情緒左右。

BANI 時代的急遽變化特徵使得心理素養調適成為重要的關鍵。靈活性、適應性和情商智慧是我們在克服挫折和實現人生目標時的寶貴資產。這些特質使我們能夠更好地應對不確定性和變化，並將挫折轉化為成長的機會。因此，培養這些心理素養將有助於我們在 BANI 時代中實現自己的人生使

命。

挫折，前進的催化劑

挫折，它是什麼？挫折可以是各式各樣的，包括失敗、拒絕、失業、健康問題、人際糾紛，以及來自內心的自我懷疑。挫折看似是生活中的障礙，它們不僅是普遍存在的，而且好像是不可避免的。無論是職業生涯、家庭關係，還是個人成長，挫折都可能在我們的道路上設下重重障礙。

挫折並不僅僅是外在問題。它們深深影響著我們的心理狀態，對情感、自尊心和動力產生持久的影響。當遭遇挫折時，我們常常感到沮喪、焦慮和失望，不僅可能會出現自尊心受損、動力瓦解，甚至質疑自己的價值和能力。

然而，我們是否能調整對挫折的看法，將它們視為機會而不是阻礙？以我個人為例，我人生所面臨過的挫折，後來回頭看，我都非常感謝那些寶貴的經歷和人生經驗，推動著我化危機為轉機，甚至開啟了現在的人生志向與角色，挫折的確是人生的美好禮物，而正向心態和成長型思維或許是答案。

正向心態：克服挫折的關鍵

　　成長型思維是一種正向心態的體現，它使我們能夠轉變挫折為成長的機會。相對於固定型思維，成長型思維認為能力和智慧是可以發展和提升的，而不是固定不變的。當擁抱成長型思維，將會更容易看到挫折背後的潛力和學習機會。

　　一個擁有成長型思維的人在面對挫折時，不會被固定的觀念所束縛，而是會尋找解決問題的方法。例如，當遭遇工作失敗時，一個擁有成長型思維的人可能會反思自己的行為，並試圖獲得更多的知識和技能，以在下一次面對類似挑戰時更好地應對。

　　在培養正向心態時，感恩是一個重要的元素。感恩的實踐有助於專注於生活中積極的方面，即使在困難時期也能看到生活的價值。樂觀也是培養正向心態的關鍵，它使我們相信未來有更好的可能性，即使眼前的困境看似無法跨越。此外，自我寬恕也是正向心態的一部分，它允許你釋放過去的錯誤和自責，放過自己並專注於向前看。

　　當你擁有正向心態時，會更容易保持動力，因

為知道挫折並不是失敗的終結，而是通向成功的一部分旅程。當學會了在失敗中尋找教訓和進步的養分，這種信念終將成為你堅持實現人生目標的強大動力。

信念和自我效能感：克服挫折的內在引擎

信念和自我效能感 (註6) 是內在的火花，驅使我們克服挫折，追求人生目標。相信自己能夠實現目標時，會更傾向於積極行動，並堅持不懈。相反，負面的信念如「我不行」或「我無法克服這挫折」可能會使我們失去動力。

例如，想像一位創業家面臨業務挫折。如果他相信自己有能力克服挑戰，他將積極尋求解決方案，尋找支持，不斷嘗試。這種自我效能感是克服挫折的內在引擎。另一方面，充滿自我懷疑和不安全感的人可能會因挫折而沮喪，甚至放棄。因此，改變負面信念並提升自我效能感對於克服挫折非常

....

註6：自我效能感是一個由心理學家阿爾伯特·班圖拉（Albert Bandura）提出的概念，指的是一個人對於自己能夠完成特定任務或達成特定目標的信心和信念程度。簡單來說，它是關於個人對自己的能力的主觀評估。

重要。

　　正向的心態、信念和自我效能感是克服挫折的關鍵。它們塑造了對挫折的看法和應對方式，決定了是否能堅持追求人生目標。透過培養這些心態，我們更有機會在生活的旅程中戰勝挫折，並實現願景和目標。

貝克漢的紅牌挫折：如何從失敗中崛起成為英國隊隊長

　　日前，我觀看了 Netflix 上的一部紀錄片，講述了貝克漢（David Beckham）的非凡故事，其中一個深刻的片段是他如何在職業生涯中遭遇挫折，尤其是在 1998 年世界盃中被罰紅牌出場的事件。

　　當時，英格蘭隊對上阿根廷，這場比賽備受關注，被視為關鍵之戰。然而，事情並不如人意，因為他在一次衝突中被裁判員出示紅牌，被迫離場。

　　這個事件對貝克漢來說是個巨大的挫折，不僅因為他無法繼續協助球隊，還因此遭受了媒體和球迷的尖銳批評。實際上，他成了英格蘭隊在那場比賽中失利的代罪羔羊，那段時間他成了全英國人口

誅筆伐的對象，備受指責。這種被全國人民痛罵一整年的壓力程度，應該是一般人的身心所難以負荷的。

然而，這個挫折並沒有擊垮貝克漢。相反，他以堅韌和決心回應了這一打擊。他將這次挫折視為一次寶貴的學習機會，決心在未來證明自己。貝克漢繼續努力提升自己，成為一名更加成熟的運動員和領袖。他在隨後的比賽中被徵召為英格蘭隊的隊長，並表現出色。

貝克漢的故事告訴我們，挫折和失敗是每個人生中難以避免的一部分，但關鍵在於如何應對。透過堅韌不拔、學習和成長，我們可以克服挫折，實現更大的成功。

迎接挑戰，堅持追求使命

生活中，挫折常伴隨我們，成為實現使命的考驗。然而，我們不能被挫折所阻礙，反而應該視其為成長的機會。在充滿不確定性、變化和複雜性的 BANI 時代，這些心理素質變得不可或缺。靈活性和適應性使我們能夠應對快速變化的環境，並在面

對挫折時找到新的機會。情商智慧則幫助我們理解和管理情感，使我們能夠保持冷靜，不受情感的左右。

　　培養正向心態、強化信念和自我效能感，都將有助於我們克服挫折。但耐挫力與面對挫折挑戰時的逆商，更是 BANI 時代下每個人必須具備的基本能力與真正勝出的關鍵。

　　願你能在充滿逆境的旅程中，找到通往光明的道路。

4-4　追尋人生意義的道路

個人使命、集體貢獻與工作的結合

　　個人使命、集體貢獻和工作之間的關聯是一個值得探索的主題。在這個充滿挑戰和機會的世界，而這些元素的結合可以為我們的生活帶來更多的意義和目標。當你的人生使命與你的工作相結合時，不論是你受僱的員工或是創業家，你的每一天將活得更有意義，也對社會與世界提供了偉大的貢獻。

實現個人使命：工作中的意義和價值

　　個人使命是我們在生活中追求的核心價值和目標，是我們內在的指南針。而工作，往往是我們生活中最耗費精力的一個面向。因此，將個人使命融入工作中，不僅為我們的職業生涯賦予更多的意義和動力，還可以實現更有深度的自我實現。

　　首先，職業的目標對齊是實現個人使命的關鍵。當你的職業目標與個人使命一致時，工作不再僅僅是為了謀生，而是成為實現自己內在價值觀的平台。這種一致性可以帶來極大的滿足感和動力，

讓你更有動力克服困難，持之以恆地追求目標。例如，如果你的個人使命是改善環境，選擇一份與環保相關的職業可能會讓你感到更加充實，因為你的工作直接支撐了核心價值觀。

其次，明白工作中的真正意義對於實現個人使命具有極大的重要性。事實上，幾乎每一份工作都有機會帶來意義深遠的影響，只要我們有心去尋找。不論你的職業是什麼，都可以透過關注工作如何影響社會、客戶、同事或團隊來找到意義。這種關注可以幫助你超越日常的工作職責，看到工作的更大價值。例如，像我的一位澳洲咖啡師coachee，不僅可以烹煮美味的咖啡，透過貼心的拉花圖案還可以為顧客帶來一整天的好心情，這就是工作中的意義，為他人帶來價值與貢獻。

最後，發展專業能力是實現個人使命的必要條件之一。不斷學習、覺察與鍛鍊天賦，不僅有助於你在工作中實現更大的價值，還可以讓你更好地實踐個人使命，在工作中發揮更大的影響力，並推動個人和組織的成功。

將個人使命融入工作中可以為我們的生活注入

更多的目標和意義。透過職業的目標對齊、找到工作中的意義以及不斷發展專業技能，我們可以在工作中實現個人使命，同時為社會和組織帶來積極的影響。工作不僅是謀生的手段，還是實現自我價值和影響他人的重要途徑。

工作中的集體貢獻：團隊協作、卓越領導和社會責任

工作不僅僅是一個個人的事業，也是一個機會，可以實現集體貢獻。這意味著你可以在工作中與同事、團隊和組織一起合作，以實現共同的目標，同時對社會產生積極的影響。

團隊合作

與團隊合作是實現集體貢獻的關鍵。在工作中，通常我們無法獨自行動。透過共享知識、技能和資源，團隊可以一起解決複雜的問題，實現共同的目標。在這個過程中，你的個人使命和價值觀可以與團隊的使命相互結合，為組織帶來更大的價值。

領導力

領導力不僅僅是管理，還包括啟發和指導他人。當你在工作中展現出卓越的領導力時，你可以影響整個團隊，實現集體貢獻。卓越的領導者能夠激勵同事，幫助他們展現最佳表現，並在達成共同目標時引導他們。這種領導風格可以將團隊的力量最大化，促進協作，並推動組織向前發展。

社會責任

透過在工作中實踐社會責任，組織可以對社會和環境產生積極的影響，同時滿足客戶和股東的期望。這包括減少環境影響、支持社會公益事業、提高供應鏈的可持續性，以及提供公平和道德的工作機會。通過積極參與社會責任活動，不僅可以為組織增添價值，還可以成為社會變革的一部分。

不論是團隊合作或是領導力，透過運用團隊的優勢天賦矩陣，個人或是管理者可以更輕鬆地在工作中實現集體貢獻、讓每個人和整個團隊創造出最大價值。如此不僅有助於個人的成長和滿足感，還有助於創建更有意義和可持續的工作環境。這種集體努力可以推動社會和組織的進步，實現更大的目

標和影響。因此，工作不僅是實現個人使命的場所，也是實現集體貢獻的平臺。

個人使命與社會使命的結合：
實現自我，改變世界

　　當個人使命與社會使命相融合時，這不僅實現了自我，還為社會帶來了真正的變革。

發現共鳴

　　第一步是發現你的個人使命，這需要對自己的天賦、熱情、價值進行深入的反思，找出人生意義。個人使命通常與我們的內在價值觀相關，它反映了我們認為生活中最重要的事情是什麼。一旦你明確了自己的個人使命，接下來的步驟是尋找與社會使命相關的問題或事業領域。這些是你可以發揮自己使命的地方，因為它們與你的價值觀和熱情相一致。例如，如果你的個人使命是幫助他人實現自己的潛力，那麼參與教育領域或支持社會公益組織可能是一個合適的選擇。

參與社會使命

　　一旦找到了與個人使命共鳴的領域，接下來的關鍵是參與社會使命。這可以通過多種方式實現。志願服務是一種常見的方式，你可以在當地社區或國際組織中提供無償的協助。此外，支持慈善機構或參與環保活動也是實現社會使命的途徑。在職業中，你可以追求與社會使命相關的職業，這樣你的工作將成為實現使命的一部分。無論你選擇哪種方式，參與社會使命的過程應該是全心全意的，並體現出對使命的熱情和承諾。

持之以恆

　　實現個人使命與社會使命的結合是一個持久的過程，需要長期的努力和承諾。在這個過程中，你可能會面臨挑戰和困難，但重要的是不放棄。持之以恆地追求使命，不斷調整目標和方法，以確保使命的實現。這需要耐心和毅力，但最終的成果將是值得的，因為你不僅實現了自己，還在改變世界方面發揮了積極的作用。

　　個人使命與社會使命的結合是一種卓越的生活方式，它實現了自我並為社會帶來深遠的影響。透

過發現共鳴、參與社會使命，以及堅持不懈地追求使命，我們可以實現自我，同時為建立更美好的世界貢獻自己的一份力量。

doTERRA 創辦人：
個人使命與社會使命的融合

doTERRA（doTERRA International LLC）：是一家創立於 2008 年、總部位於美國猶他州的公司，專注於生產和銷售精油和相關產品。doTERRA 拉丁文原意為大地的禮物，也反映了它們的商業模式和價值觀。

創辦者將個人使命與社會使命結合在一起，他們的使命是提供高品質的精油，同時透過這些精油來改善人們的健康和生活。以下是 doTERRA 的創辦者和他們的個人使命，以及如何與公司的社會使命相關聯的範例：

Dr. David Hill

他的個人使命是推廣自然醫學和植物療法。他是一位具有豐富醫學背景的醫生，深知植物對健康的影響。在品牌中，他的角色是致力於研究和開發

高品質的精油，以確保它們在保健領域的應用。他的工作與公司的社會使命緊密相關，即通過精油的健康應用來改善人們的生活。

David Stirling

他的個人使命是改善世界，提供機會給那些需要的人。他參與了許多人道主義工作，並意識到精油可以成爲提供就業機會和改善生活的推手。因此，他的個人使命與 doTERRA 的社會使命一致，即透過提供高品質的精油和支持種植者社區來改善人們的生活。

Emily Wright

她的個人使命是鼓勵人們生活得更健康和更自然。她是精油的忠實用戶，並認爲精油是一種自然的解決方案，可以幫助人們改善健康。她在品牌中的角色是推動教育和意識，以確保人們正確使用精油，這與公司的社會使命一致，即提供教育和維持健康。

Greg Cook

他的個人使命是尋找世界上最高品質的精油。他在全世界旅行，與各地農產種植者合作，確保生

的精油品質卓越。這與公司的社會使命相關，即提供最純淨和最高品質的精油以改善人們的生活。

doTERRA 的創辦人們將個人使命與公司的社會使命緊密結合在一起，他們致力於提供高品質的精油，同時透過教育和社區支持，改善人們的健康和生活品質。這使它成為一家以健康和社會貢獻為核心價值的公司。無論是在個人層面還是企業層面，doTERRA 的故事都展示了個人使命和社會使命的完美契合，並激勵著更多人追求具有積極社會影響的事業。這也是為什麼我深愛著這個以愛為核心，幫助世界共好的品牌原因。

多特瑞創辦人談創立公司的初衷影片

個人使命與集體貢獻的融合： 改變世界的力量

當我們將個人使命、集體貢獻和工作巧妙地結合在一起時，我們不僅實現了自我，還為這個世界帶來了真正的改變。正如 doTERRA 的創辦人們

所展示的那樣，個人的使命可以超越個體，成為一股強大的力量，塑造著企業、社區和整個社會的未來。無論你是一位企業家、一位員工，還是一位志願者，你都有機會在個人使命和集體貢獻的結合中找到真正的意義和目標。

因此，我們繼續追求個人的意義之路時，同時也不忘記我們的社會責任和集體使命。通過這樣的結合，我們可以實現自我，同時在這個多變的世界中留下持久的印記，改變世界的一小步。無論你身在何處，都可以成為積極改變世界的一部分。

請不要停止追求你的人生使命，因為正是你的努力讓世界變得更美好。

05

解密專業人士
人生戰略方程式

專業人士一對一教練案例，
天賦展現的生動故事

·劉軒
心理學推廣者｜Podcast 主持人｜作家

·塗至道
GaryTu時尚插畫家｜範時尚股份有限公司創辦人

·朱芃穎
Emily空姐報報自媒體工作者｜KOL

·謝文憲
企業講師｜作家｜主持人

·艾兒莎
創業家｜前女力學院共同創辦人

·許景泰
商戰CXO執行長｜企業顧問

·吳東翰
doTERRA台灣創始人成員之一｜
消費致富系統專利發明人

·郝旭烈
財務顧問｜作家｜企業講師

·蔡佩靜
本書作者

05
專業人士一對一教練案例
天賦展現的生動故事

在這一部分中，我將分享與知名人士進行一對一教練的案例故事。透過這些案例，我們將一同見證不同個體如何展現和運用他們的天賦，並深刻體會到優勢天賦運用的魔力和美好。

按照訪談的時間順序，將逐一分享每位來賓提到的前五大天賦運用情境，透過這些真實案例，我們也能洞悉天賦如何在不同人生中得以展現。

回顧我們過去的巔峰時刻是一場深刻的優勢探索之旅。當我們細細回想那些光輝的經驗，記下場景和細節，然後將它們與自身的天賦建立關聯，我們將發現所有成功都有其明確的天賦軌跡。而這些軌跡在我們每個人身上都可以找到，可供複製，有

助於我們輕鬆創造未來的成功。

　　此外，也透過我的眼光，分享對於這些受訪者天賦運用的觀察和洞察。這將是一種獨特的教練視角，有助於深入理解他們的天賦如何在實際情境中得以發揮。

　　最終，這些實例分享將引導你探索每位受訪者的天賦、熱情、價值觀和人生使命，協助你找到並建立適合自己的人生戰略方程式。這個人生戰略方程式將成為你未來尋找自我定位和發展道路時的堅實指南與燈塔，幫助你更清晰地理解如何運用自身的天賦、熱情和價值觀，找到人生意義，並全心致力實現這個一生中最重要且永恆的使命。

Ps. 以下記錄均以訪談者第一人稱撰寫。

劉軒

心理學推廣者｜Podcast 主持人｜作家

　　我在心理學推廣領域已經有八年的經驗，同時擔任了兩年的 Podcast 主持人。突然有一天，我走進了正向心理學的世界，深感這是值得與世界分享的寶藏，於是開始投身其中。我喜愛這個角色的原因在於，能夠協助提升人們的生活品質、分享新知識，同時也有機會與各種有趣的人進行訪談。

 XUAN 劉軒 FB 粉專

三個簡短描述自己的詞語

- 我很喜歡自己騎著腳踏車在河邊追夕陽。
- 我熱愛學習並且對於新的點子感到興奮。
- 我有非常嚴重的臉盲症。

擅長的事情中三件做得最好的事

- 我能夠快速地將不同的想法串聯在一起，形成一個知識體系。
- 我鼓勵人們通過傾聽和尊重他們的故事來敞開心扉。
- 我可以通過我的言詞和音樂創造出感性的氛圍。

一對一教練過程前五天賦的運用分享

劉軒的前 10 大蓋洛普優勢天賦分別爲：

關聯® ｜搜集® ｜思維® ｜適應® ｜體諒™ ｜

學習® ｜積極® ｜和諧® ｜行動® ｜理念®

四大優勢領域中以『關係建立』最爲突出。

關聯 Connectedness®

雖然我目前沒有信仰任何特定宗教，但我尊重各種宗教，因爲我理解宗教的力量。我出生在一個基督教家庭，但我尊重所有宗教。在我的 podcast 節目中，有提過我們相信信仰的力量，這就是「believe in the power of belief」的意思。我認爲很多事情都有著連鎖反應，類似蝴蝶效應。如果足夠多的人一起做對這個地球有益的事情，那麼善行將不斷積累。

我對意識研究也有濃厚的興趣。我相信我們的感知方式決定了我們看待世界的方式，這意味著我們本質上是宇宙的一部分，而整個宇宙也包含著我們。這個主題是我在自己的節目和演講中與大家分享的核心。

當我們將現實生活中的混亂事物抽出來，我們

實際上可以看到一個系統，甚至可以理解系統中的每個分子或元素是如何影響整個系統的。然而，對於不習慣這種思維方式的人來說，這可能會顯得抽象或過於理論。

搜集 Input®

當我曾擔任 DJ 時，我收集音樂的方式有些不同。我不是像一個典型的音樂收藏家那樣盲目地搜集。當我在尋找音樂時，我會前往專賣店和唱片店，在那裡花上好幾個小時，仔細試聽多張唱片。因為唱片價格不菲，我不敢胡亂花錢，而是會精心挑選。

我選音樂的角度是，這首歌在何時何地播放，以及它可以帶給人們什麼樣的情感和體驗。在當 DJ 的過程中，我最喜歡且最有成就感的事情是看到人們跳舞並陶醉其中。對我來說，這種時刻帶來的成就感是最重要的。我不在乎是否有人欣賞 DJ 本人，我甚至喜歡在演出時稍微調暗舞臺上的燈光，然後用一首接一首的音樂，就像講述一個個故事，讓聽眾逐漸遺忘自我，這種自我遺忘其實是極富療癒效果的體驗。

將音樂搜集和我的天賦相結合，讓我的音樂收藏變得更加有意義，我知道應該在什麼情境和場合播放哪一張唱片，以音樂來講述故事，建立氛圍，或在高潮後給人們呼吸的機會。我的目標是透過音樂來打造一個豐富的體驗，讓人們暫時遺忘日常煩囂，進入音樂的世界。

思維 Intellection®

我熱愛思想，喜歡討論抽象的概念。當我在哈佛攻讀研究所時，這是我最快樂的時光之一，因為我可以與教授和其他研究生深入探討某一學問，討論各種假設和「假如」的情境。

這群人可以充滿激情地討論這些點子，並在討論中建立深刻的連結。這種機會實在難得，也是我回到台灣後發現自己比較缺少的經歷之一。

適應 Adaptability®

在我的 Podcast 訪談中，我常根據當下情況做調整。有一些集數完全不依照原先的腳本進行，但我們仍然進行了非常有趣且令人陶醉的對話。然而，也確實有幾次來賓要求嚴格按照腳本進行，無法接受即興演出的情況。

當我從美國回到台灣後，我曾在廣告業工作，並在一家廣告製作公司度過了一段時間。由於我具備音樂背景，恰巧在那段時期，台灣實施了新的公共廣播權法，提高了廣告音樂的需求。

我發現自己相當擅長為客戶提供音樂方面的設計和建議，協助他們解決音樂配樂的問題。每個廣告都有不同的氛圍和要求，需要與不同的導演進行有效的溝通。我必須理解他們的需求，並在適當的時機提出建議或將抽象的指示轉化為實際的音樂作品。

當時，我自詡要成為一個有用的創意人，我希望能夠協助我所服務的客戶和讀者解決他們所遇到的問題。這種適應性天賦賜予了我彈性的解決問題能力。

體諒 Empathy®

當初我回到台灣的主要原因之一是，911 事件發生時，我曾與慈濟志工一同前往紐約的家庭危機中心，協助為遇難者家屬提供一些生活援助金。雖然金額不高，大約一千美元左右，但它有助於緩解一些負擔。在那段時間，有許多人分享了他們的故

事，聆聽這些故事深深觸動了我。

compassion fatigue

所以那時候我的確有了非常嚴重的同理心疲勞也導致自己一度陷入了低潮，也是因為這個低潮，所以我在 2001 年底的時候決定我要遠走到地球的另外一邊，因此有了回到台灣的契機。

因為當個人教練或是做節目的緣故，常有人會來向我傾訴自己的故事，我非常容易因為別人的故事而感到動容。

Sara 教練的優勢觀點

在《How to 人生學 Podcast》的第 200 集訪談中，當來賓講完一段話後，軒哥迅速捕捉到了一個關鍵詞「慈悲」，精準詮釋了『關聯』天賦明顯的案例，能夠快速在看似不相關的事物中找到聯繫。透過 Podcast 訪談不同的來賓，軒哥實際上在搜集各種人生故事，這也是劉軒運用『搜集』天賦的重要例證。

『思維』天賦優勢的人需要與他人進行精神上的對話和交流，同時也需要獨處的時間，以便進行內省對話或者深入追求問題的底層邏輯和原因。這種對於思維天

賦的喜好和需求，在軒哥的訪談內容中得以鮮明體現。
最近，軒哥分享了一個全家討論內容，關於小孩是否應
該留在美國唸書的心智圖，這也是思維天賦的運用展
現。

　　教練過程中軒哥分享了自己 8 歲時前往美國紐約
就讀的經歷，起初的適應過程相當艱辛，花了半年到一
年的時間適應新環境，連同學的笑話都聽不懂。兩年後
再次遷移學校，需要適應另一個新環境，幸好他的英文
流利了些，在新學校的四年間，成為了全校學業最出色
的學生。這種在短時間內適應和克服新環境困難，並展
現出卓越表現的能力，完美體現了他在『適應』天賦方
面的優勢。

　　台灣人擅長的『體諒』天賦剛好也是劉軒較為靠前
天賦，這使得軒哥容易過度同理他人，甚至忽略了自
己。他可能過於沉浸在別人的情境中，過度關心他人而
忽視了自身的需求。需要特別注意，不要陷入天賦過度
使用的盲點。

　　在閱讀劉軒的天賦報告以及進行一對一教練之前，
我本來猜想著軒哥可能在其他領域擁有突出的優勢。然
而，在深入的教練和訪談過程中，我逐漸確信，原來這

些溫暖的交流特質，才是軒哥在關係建立方面的最大優
勢。這種魅力不僅是驗證了他在人際交往領域的強大能
力，也是每一集的播客訪談如此真摯感人的原因，這正
是他能夠與人建立深厚聯繫的獨特天賦所致。

請分享一個過去印象最深刻的顛峰事件

　　第一個出現在我腦袋裡面的是在哈佛大學發生
的事，而我自己也感到相當驚訝，因為這麼久以
來，我很少想起這件事情。但如果你問我在哈佛大
學這四年當中，我個人認為最大的成就是什麼，確
實是辦了一場派對。

　　這場派對發生在一個名為「藝術第一週末」的
活動中，由哈佛校友約翰・俐落（John Lithgow）發起。他後來成為
了一名非常有名的演員。在哈佛校園的不同地方，
這個週末舉辦了各種不同的藝術演出。任何一名學
生都可以提出一份申請，申請在學校舉辦一場表
演。申請書中包括了你的概念、理念以及你計畫的
執行方式等等。學校會提供場地，甚至給予一些微
薄的經費，讓你能夠實現這個想法。

　　當時，我提交了一份詳細的提案，闡述了我想

要探討類比音樂和數位音樂之間融合的想法。雖然提案寫得非常學術，實際上我們在做的是辦一場類似「狂歡派對」的活動，但同時也運用了傳統樂器和類比音樂元素。幸運的是，學校批准了我的提案，並提供我所在宿舍的餐廳作爲使用場地，這是一個寬敞的空間，大約有五百平方公尺，我們將所有桌椅都清空，搭建了舞臺並安裝了音響。

爲了成功舉辦這場活動，我積極與我的室友合作，我們自己創作了背景音樂。此外，我還找來了一位當時音樂課程的教授，他自己是葛萊美獎得主，精通爵士薩克斯風，他也願意參與演出。這次活動是我們師生合作的結晶，同學們和老師們共同站在同一個舞臺上，我們逐曲演出，最後將氛圍升華成了電音派對，各種不同的人紛紛加入，包括一些我之前不認識的藝術家，他們的參與使整個表演充滿了戲劇性的氛圍。

那個晚上，派對超乎我預期的成功。無論是將它看作是派對還是藝術表演，參與的人都非常享受，大家不斷詢問何時舉辦下一次的活動。最終，我也獲得了「藝術第一週末」的獎項，這一切都來

自於我當初的一個念頭，而我也把這個念頭變成了現實，整合了各種不同的資源和才能，讓這場活動變得非常精釆。

Sara 教練天賦解析

在這個巔峰時刻的成功經驗中，劉軒展現出了他靠前的天賦線索。他透過他的『關聯』天賦，將需求雷達發射出去，吸引並匯聚了看似不相關的人和事物，將他們融入團隊。

他那初衷非凡、充滿創意的將傳統與類比相結合的創新音樂活動，展示了他的『理念』天賦的強大。

此外，他還運用了『搜集』天賦，聚集並整合各種可利用的資源，與不同才華的人合作，使各色人才共同參與舉辦這場活動。

劉軒的優勢教練心得分享

　　教練的過程是一個條理分明，很有系統的自我認識的學習過程。Sara 將蓋洛普的優勢評估介紹得很生活化，也以溫柔且同理的態度肯定一個人的特質，同時也在與學員的互動中，探索發揮該優勢的可能性。這對於希望進一步認識自己，善用天賦發展未來職涯的朋友們會很有幫助！

　　Keep up the good work, Sara! You are helping many people discover themselves!

劉軒的人生戰略方程式

幫助他人改變生活和思維，以及對學習的強烈愛好。我樂於分享故事，以抽象觀念療癒心靈，並將它們深植人心。

關聯®｜搜集®｜思維®｜
適應®｜體諒™｜學習®｜
積極®｜和諧®｜行動®｜
理念®

以善良和包容多元觀點為出發點的溝通，關心他人。

做人生教練，幫助大家看到更大的格局，幫助他們越來越瞭解自己，找到了原本設定的目標背後更大的目標或更上一層的源頭。或許透過類似劇場導演的角色帶領他們看到更高層次的人生劇本與人生境界。

Sara 教練對劉軒人生使命的優勢洞見

軒哥的人生使命是引領大家朝向更高層次的源頭，追求和探求人生的真諦，這種使命深受他強烈的『關聯』天賦驅動而來。

他的價值觀體現了善良和善心，這正是他『體諒』天賦的表現。軒哥總是能夠自然地理解他人，關心他人，並對他人保持包容和關懷。

他喜愛搜集各種不同的內容，並將其轉化和整合成自己的概念，然後分享給他人。這種激情源於他的『搜集、學習、理念天賦』的綜合運用，讓他能夠不斷地啟發和影響他人。

這一切共同塑造了軒哥的獨特使命和價值觀，使他成為一個能夠啟發和幫助他人的強大力量。

塗至道 Gary Tu

時尚插畫家｜範時尚股份有限公司創辦人
旗下品牌 GARYTU Online Class｜
TONER Gallery｜SAMURAI SALON

自 2013 年起，我投身時尚插畫領域，逐漸深耕並專注於美學的創作。不久之後，我勇敢地踏出了更多的創新之路，不僅創立了自己的藝廊，還在疫情期間推出受歡迎的線上課程。這一系列的成就驅使我擴大了自己的事業領域，開啟髮廊等其他多角化事業。這個決定源自於一個簡單的信念：外界缺乏我所追求的職業，因此我決定自行創造。我相信美和創意的力量，而這些事業領域正是我能夠充分發揮自己專業與熱情的地方。

 **GaryTu 網站**

三個簡短描述自己的詞語

- 快速
- 直接
- 解決問題

擅長的事情中三件做得最好的事

- 觀察力
- 美感
- 找到問題

一對一教練過程前五天賦的運用分享

Gary 的前 10 大天賦分別爲：

戰略 ™ ｜個別 ® ｜前瞻 ® ｜學習 ® ｜搜集 ™ ｜

競爭 ® ｜統率 ® ｜自信 ® ｜專注 ™ ｜排難 ™

四大優勢領域中以『戰略思維』最爲突出。

戰略 Strategic ™

在做測驗之前，我其實沒有預料到我的『戰略思維』在這方面占據著如此重要的位置。一開始，我可能覺得自己更傾向於執行力，而不是戰略性思考，但當談到商業和公司運作時，我發現自己擁有相當豐富的戰略洞察力。我總是能夠想到別人沒有考慮到的層面，而且我的思考速度相當敏捷，這一切都讓我覺得輕鬆自如。

舉個例子，當我開始思考要做什麼事情時，通常會跟隨直覺，而這通常都能帶來相當正確的結果。我能夠預測市場上的大多數人正在思考什麼，並且迅速瞭解即將發生的事情。然而，有時進行市場調查時，過多的問卷資訊反而會干擾我的思緒。

你或許會認爲，搜集 500 份問卷已經足夠精確了，但實際上，我對此感到懷疑。內心深處，我認

為這不一定就是最準確的方法，因為這些問卷的內容有時只是對特定地區或特定人群的抽樣。我對台灣人的性格較為瞭解，這讓我能夠深刻理解這個市場可能的發展方向。我能夠清晰地理解他們的行為模式，因此我的預測通常都相當準確。

這些經驗讓我更加堅信，直覺和深入瞭解特定市場和人群的能力，常常比大量問卷調查更加有力，特別是當涉及到戰略性的商業決策時。我相信，真正的天賦就是能夠在各種情境下敏銳地洞察並做出明智的選擇。

個別 Individualization®

在商業合作方面，我經常透過觀察對方的說話方式、肢體語言和用詞，迅速理解他們的意圖和想要傳達的信息。實際上，對方想要說的內容我通常能夠提前猜測到，有時候在他們說了不到三分之一的內容後，我已經能大致預測他們接下來要說的內容。

因此，我會在對方說話時迅速做出反應，等待他們的回應。令人驚訝的是，通常對方的回應都與我預測的相符。這種能力使我在溝通過程中能夠比

別人更快地把握對方的需求和他們的關切點，進而更好地滿足他們的要求。

這種洞察和敏感度不僅在商業合作中有所幫助，也在各種其他情境中具有價值。它使我能夠更好地理解人們的內心想法，進而建立更強的人際關係，以及更高效的溝通，這對於取得成功、協助他人達成目標都是非常有利的。

前瞻 Futuristic®

我的思考方式涵蓋了過去、現在和未來，這種戰略思考對我是自然而然的。在我的思考中，我同時考慮這三個時間點，這像是一組三個互相關聯的骨牌一樣的過程。

當我制定戰略或做決策時，我首先回顧過去的決策和行動，以確保我瞭解它們對現在的影響。然後，我評估當前的情況，並考慮當前的舉動如何影響未來。這種思考方式使我能夠快速看到我過去的決策如何影響當前的狀況，並預測當前的行動如何影響未來。

以我們公司為例，我看到了公司的商業曲線。儘管我們目前可能只是一家相對較小的公司，但我

相信我們最終會成爲藝術領域中最具主宰力的公司之一。這種思考方式驅使我不滿足於現狀，進而去探索新的機會和創建新的道路。這種前瞻性思維有助於確保我們的公司能夠不斷成長和演進，不會沾沾自喜於現狀，而是去開創新的賽道以實現更大的成功。

學習 Learner®

我的學習能力相當快，特別是在自主學習方面。然而，我曾面臨一個挑戰，那就是對於英語發音的恐懼。初始時，我對發音的信心並不高，無法流利地發出聲音，但通過不懈的努力和聲音訓練，我逐漸克服這個恐懼。我發現，通過錄音和重播，能夠比較自己過去的發音和兩年後的進步，這爲我帶來了極大的滿足感。儘管我的發音仍然不是完美的，但我已經取得了 50% 以上的進步，這個成就感使我相當滿足。

我的學習方式是基於記錄和吸收。我相信，無論學習哪種技能，只要通過記錄和不斷吸收，都會有明顯的進展。唯一可能導致失敗的原因是放棄，或者無法克服內在的深層恐懼。

當我學習畫畫時，我會進行 A ／ B 測試，並使用我最熟悉的方式探索新事物。我會為自己創造一種全新的語言和方式，而不會依賴說明書或老師的指導。我相信每個人都有自己獨特的學習方式，因此我會找到最適合自己的方式，整理我的思緒，然後通過這種方式學習。這種自主學習的方式使我能夠更快地掌握新知識。

　　在台灣的文化下，教育體系通常強調聆聽老師的指導，但我對此有一些抗拒。對我來說，自主學習更自由和有成效。我寧願自己決定學習什麼，並在需要時進行交流，而不是被動地接受他人的教導。

搜集 Input®

　　我的強項之一是搜集和分類訊息，這點非常明顯。我對各種顏色和顏料有著強烈的興趣，並對色彩非常敏感。我可以區分不同顏色之間的微妙差別，而且總是在搜集各種不同的顏料。我瞭解每種顏料的特點，比如這個黃色和那個藍色可能來自不同的品牌，具有不同的特性。

　　同樣地，我也會搜集不同人的思維邏輯。例

如，營業額達到三千萬的人可能有一種思維方式，而達到五千萬的人可能又有不同的思維方式，一億的人可能又截然不同。我會瞭解他們說話的順序和邏輯，因此我能夠快速理解不同人的思考方式和套路。我通常將人們分類為不同的屬性，但會根據他們的行為和行動不斷調整我的分類方式。

<u>Sara 教練的優勢觀點</u>

Gary 在商業決策上總是迅捷而敏銳。他常常在畫室上課時構思新點子，並即時分享和徵求學生意見。幾天之內，這些概念就能在網路上變成實際商品。他能夠以極快的速度將想法轉化為現實，且直覺準確，這與他在『戰略』天賦上的優勢有著密切關聯。運用得當的『戰略』天賦能使目標達成更快速、更精確、更有力。

除了在商業合作方面能精準預測對方需求，繪畫領域中，『個別』天賦也幫助他快速捕捉每位人物的獨特之處。這使他能透過筆觸生動地呈現主角五官的特點和氣質，賦予作品靈性，引發觀眾共鳴。

Gary 經常以終為始的方式思考，這或許歸功於他

的『前瞻』天賦。他能夠看到未來的可能性，然後回頭驅使自己朝著早已描繪或預見的願景邁進。

運用『學習』天賦，他的學習方式屬於自學型，且對所見的事物持質疑態度。他會將所學轉化成自己的語言，再深入思考底層邏輯，進而找到自己能吸收或進步的方式。

有『搜集』天賦的他擅於搜集顏料，後來也推出了色彩學主題的線上課程，以此完整地分享他對於顏色分類的實用心得和見解。此外，他搜集不同人的邏輯再加以分類，這種應用雖不常見，但卻也相當人性化與實用。

另一項特別之處在於，通常『戰略』天賦靠前的人，排難天賦通常排在較後的位置（兩者的相關係數偏低）。然而，Gary 卻呈現一個非常特殊的情況，他的『排難』天賦也出現在前 10 大天賦中。這意味著除了運用『戰略』在做決策時快速果斷外，例如需要修改上千份線上繪畫作業、深入研究一項技法，或是撰寫編排出數百頁精美講義那種耗費時間的任務時，他也都能夠以『排難』充滿熱情地投入其中，不會感到疲憊或失去耐心。

請分享一個過去印象最深刻的顛峰事件

2013 年我第一次接到伯爵珠寶的案子，它是歷峰集團的品牌，當初是仲誼公關親自找上門的。

那時候，我參與的是一個超級受矚目的活動，所有參與的人輩分都很高，都是上市櫃老闆、建商之類的。但我就是不管那麼多，我覺得自己在畫畫的時候就會吸引賓客的目光。

我的任務是指派四位老師和我一起用統一的畫風，在短時間內畫下三百多位賓客的畫像，所以我找了四位可以合作的老師來參與。當時面臨的挑戰是，品牌後來想要讓畫像更可愛一點，我也努力和仲誼公關去和客戶溝通維持時尚風格。

賓客在進場前會在那邊逛逛，我們輪流為他們畫畫像，畫完交給他們作品，再換下一位。雖然時間緊迫，但我們最後居然在一個半小時內，五個人就完成了一百多幅畫像，作品也得到了高度讚譽，大家對我們替他們畫的畫像都非常滿意。

這次成功的經驗也為我帶來了更多機會，雖然過程中有些挑戰，比如我得訓練其他四位老師，確保畫風統一，但最終我們克服了困難，團隊協作非

常有默契。過程中，雖然和合作夥伴曾經有過一些小爭執，但最終仍達成共識，現在我們還是好朋友呢。

Sara 教練天賦解析

透過這個成功案例的分享，我們見識到 Gary 所展現的三大天賦：『個別』、『統率』和『戰略』。他以細緻的觀察力，融合了公關公司、老師、自己和賓客的各項需求，巧妙地建立了統一的方案，彰顯了他在『個別』天賦的表現。同時，他在訓練和引導合作夥伴方面展現的領導才能，確保團隊以統一風格成功完成品牌活動的任務，凸顯了他在『統率』的天賦能力。此外，在必須靈活調整客戶風格定調時，Gary 以『戰略思維』果斷行動，積極溝通並保持原有的時尚插畫風格，展現出精準的決策能力。

Gary 的優勢教練經驗分享

　　瞭解自己的過程是非常有趣的，就像在教練之前不知道自己其實有「戰略性思考」的天賦，而且這個天賦占有重要的位置。透過 Sara 一對一教練後，讓我在創業上更有自信，發掘自己與生俱來的本能。

Gary 的人生戰略方程式

自己構思並創造出獨特的畫作、商品或商業模型。

戰略 ™｜個別 ®｜前瞻 ®｜
學習 ®｜搜集 ™｜競爭 ®｜
統率 ®｜自信 ®｜專注 ™｜
排難 ™

盡量把握每一天。你以爲
你在計畫未來，但事實上
你就在未來。

提升台灣的美感價值觀至國際水準，成爲世界
舞臺上另一個引人矚目的選擇。

Sara 教練對 Gary 人生使命的優勢洞見

Gary 的人生使命是將台灣的美感價值觀提升到國際水準，這個使命深受他前瞻和競爭的天賦驅動。他敏銳地洞察到未來的可能性，並堅信台灣在美感領域具有提升到國際水準的潛力。他堅信台灣不會輸給其他國家，因此願意通過自己的努力來引領大家實現這個目標，即『前瞻』、『競爭』。

Gary 喜愛並擅長構思獨特的作品或商業模式，對市場總是有獨到的見解和創新的想法。放眼未來、挑戰不可能，運用戰略、前瞻和排難等天賦，不斷地提出新的概念和想法，這正是他能夠實現使命的方式『戰略』、『前瞻』、『排難』。

這些特質共同形成了他引領台灣美感價值觀走向國際的堅定信念和行動力。

朱芃穎

Emily 空姐報報自媒體工作者 ｜ KOL

　　九年前，我還是一名空服員的時候，開始記錄起生活和工作的點滴。這個初衷喚起了自己的創作熱情。我對於這份工作充滿著熱愛，其中一個吸引我的方面就是工作時間的靈活性，能夠讓我自行安排。我熱衷於捕捉生活中的精采瞬間，透過攝影和影片的形式予以記錄。除了能夠透過文字和影像表達自己的想法，並產生影響力外，我也有機會協助那些追尋航空業夢想的人實現他們的目標，這也是我喜歡這份工作的原因之一。

 空姐報報 Emily Post FB 粉專

三個簡短描述自己的詞語

• 正面積極努力學習

• 邏輯清楚有分析及表達能力

• 熱情有感染力

擅長的事情中三件做得最好的事

• 毅力：這九年來每天都在臉書上更新內容，並且
每週堅定地推出新的 podcast 節目。儘管偶爾可
能會有短暫的暫停，但也都能夠持續下去

• 執行力：設定了目標或期限總是能夠在時限內完
成，從不拖延，事情做完才會休息

• 自我要求高：對於自己的作品，特別是文章，會
要求嚴格不嫌麻煩，始終保持一定水準，不草率
行事，也從不輕易妥協。無論是文字還是照片，
都要達到心目中的標準。

一對一教練過程前五天賦的運用分享

Emily 的前 10 大天賦分別為：

責任® ｜專注™｜前瞻® ｜和諧® ｜學習® ｜

積極® ｜思維® ｜搜集® ｜成就® ｜統籌™

四大優勢領域中以『執行力』最為突出。

責任 Responsibility®

我認為工作本來就應該被認真完成，負責任意味著將工作高效地進行、產出優秀結果，所以在工作上我沒什麼問題。然而，當涉及到家庭關係和責任，如處理長輩之間的衝突時，作為晚輩的我常覺得有責任協助解決，特別是考慮到我的『和諧』天賦又位於第四，不喜歡衝突。

我期望維持家庭關係的平衡，但通常我無法大幅地改變局勢。我詳細瞭解每個衝突方的邏輯和觀點，然後會深入分析，嘗試進行個別溝通。這是出於責任感，我希望家庭氛圍能夠和諧相處，但這種解決方式往往讓我感到疲憊和壓力。

專注 Focus ™

我目前在自媒體領域工作，但事情細項太多，所以我會提前規劃整年的計畫，包括每週、每月和

每日的主要工作項目，並建立進度追蹤記錄。

在工作時，我會進入心流狀態，通常會連續專注兩到三小時，但如果有家人或其他人來打擾，我會感到不開心，這會中斷我的專注，而我不希望被中斷。如果在做非常重要的事，我會將手機開飛航模式，忽略外界的干擾，以保持專注。

前瞻 Futuristic®

從小時候開始，我總是會對未來的生活充滿想像，並能夠清晰地將這些畫面視覺化。比方說，若我當時希望成為一名空服員，就會想像自己飛遍各地、探索不同的國家和城市。

這樣的想像激勵著我在求學過程中開始研究有關空服員職業的資訊，然後著手實現這個目標。當我最終真的成為一名空服員時，驚訝地發現實際生活與早年的夢想畫面非常相似，許多我曾希望實現的事情都在職業生涯中實現了。

和諧 Harmony®

和諧的個性有時候是雙刃劍，它可以有正面影響，也可能有負面效應。在我個人的經驗中，和諧的個性使我不喜歡面對衝突，這會讓我感到有壓

力。因此，我會盡力確保在可能出現衝突的情況下，提前做好準備，並避免誤解的發生。尤其在與廠商互動或書寫郵件時，我非常注重遣詞用字和細節。

在服務業工作的經驗中，我學到了說話的語氣和情感是可以由我們賦予的。因此，當書寫文件時，我會選擇中性的用詞，確保讓人感到舒適，避免任何尖銳或不禮貌的感覺。這也是我要求工作夥伴們也這樣做的原因。

學習 Learner®

當我參加課程時，通常會有一個明確的學習目標，這使我可以有目的地學習。然而，有時我也會純粹出於興趣參加課程，想要嘗試一下，而不見得會設定明確的目標或要求自己達到什麼特定的成果。

然而，面對繁忙的生活時，有時我會感到壓力，因為我有太多想學的東西，但時間似乎總是不夠用。這種情況下，我可能不得不選擇停止參加某些課程或放棄某些學習機會。但長時間不參加課程或學習新東西會讓我感到缺乏新鮮感，這可能讓我

感到有點焦慮。

Sara 教練的優勢觀點

『責任』天賦是台灣人排名第一的天賦，然而也是一個容易被過度使用的天賦。擁有這種天賦的人常常會無意識地承擔太多事情，自願擔起許多與自己無關的責任，最終可能會把自己弄得精疲力盡。以 Emily 的家庭關係為例，確實出現了責任天賦過度使用的情況。未來，當她意識到自己存在這種傾向時，必須調節使用這種天賦的程度，以免過度負擔而導致精疲力盡。

『專注』天賦的特點在於能夠設定目標並制定計畫表，這使得 Emily 能夠在設定目標後保證按時完成，從不拖延。專注的能力為她的執行力提供了強大的動力，這也是她能夠在自媒體上保持每日更新和每週更新的持續動力。

Emily 的『前瞻』能力和畫面感讓她能夠擁有充滿希望的夢想描繪，並將這些願景逐步實現。結合『積極』天賦的運用，她也能夠輕鬆幫助那些迷惘未來的人，幫助他們看到更光明的未來。

『和諧』同樣是一種受歡迎但容易被過度使用的天賦。出於避免衝突的考慮，他們往往會圓融地應對，處事待人也極為和諧。在 Emily 應對廠商進退時，她的細膩思考表露無遺。然而，有時候過度使用『和諧』天賦可能會使人過於迎合對方，而忽略了自己的需求讓自己陷入苦惱之中，這是擁有『和諧』天賦的人需要注意的地方。

　　『學習』天賦的特點，讓住在高雄的 Emily 常常不辭辛勞跑到台北上課，這表明她對學習的熱愛和享受，並渴望透過學習不斷提升自己。她甚至將學到的知識用來幫助他人提升。

請分享一個過去印象最深刻的顛峰事件

　　就在疫情肆虐時，突然收到了香港 TED _(註7) 的演講邀請，我當時真的有點懷疑是不是詐騙集團，但那封英文信內容看起來很有規劃，我還是決定查一下，結果驚訝地發現這個單位真的存在。這

註7：TED 是一個非營利組織，致力於通過全球會議和演講分享「值得傳播的想法」，涵蓋了科技、娛樂、設計以及更廣泛的科學、文化和學術主題。

種夢幻機會，還跟我有深厚的地緣關係有關，我就毅然地決定無論如何一定要接啊，全力以赴去做這件事。

這個時候正是疫情嚴峻的時刻，大家的能量都有點低迷，而我偏偏在這個時候離開了原本的空姐工作。主辦單位看到我的經歷，覺得值得分享，尤其能夠影響那些因為疫情而面臨巨大變化的人們。雖然疫情影響了很多事情，但幸好，這次演講是以線上的方式進行，主辦單位還問我要用英文還是中文演講，我毫不猶豫地選擇了英文，畢竟這樣可以讓不同國家的人都聽得懂。

雖然 TED 有提供一些指導方針，但具體的演講內容還是要自己設計。這真的非常有挑戰性，我要來回琢磨，把整個演講的架構想清楚。在準備的過程中，有時候會對自己的演講稿產生懷疑，覺得需要不斷地調整，追求更好的效果。由於要先用中文寫，再翻譯成英文，時間非常緊迫，壓力也相當大。

我的演講大概要十三到十四分鐘，而且我決定不看稿，全程自然地演講。所以得將演講內容完整

地背下來，可別小看記住十幾分鐘英文的難度。而且不僅僅是背誦，我還要自然地表達，配合適當的肢體語言，這需要很多時間來準備。

就在演講四天前，和主辦單位詳聊了演講的內容與方向後，出現一些新想法，我立刻決定重新修改大段的中文和英文內容，這讓我壓力非常大。在短短的 72 小時內，必須把演講內容記得滾瓜爛熟，不僅要瘋狂地背誦，還得用手機錄影來修正表情和語調，我一邊在筆記本上畫正字記號，標記自己背了幾次。我告訴自己，至少要背三十次以上，這樣才能更熟悉，在演講時不會因為出錯要一直重來。為了確保錄影進行順利，我找了專業的團隊請了化妝師和攝影師，租了五星級飯店的房間，希望能夠呈現出高品質的影片效果，真的把自己逼到一個境界。

演講前的兩、三天，我瘋狂練習了超過五十次。前一天，我早早地準備就寢，可偏偏就是睡不著。壓力讓我焦慮不安，我意識到這種無形的壓力竟然影響到自己的正常睡眠。最後，整晚都沒睡，但幸好在演講時，靠著我堅定的意志力和毅力，在

緊張的情況下，依然還是沒有落漆，表現得還蠻自信沉穩。

Sara 教練天賦解析

在她的 TED 演講巔峰時刻中，我們可以清楚地看到 Emily 充分運用了她突出的『責任』天賦。負責任的本性驅使著她一旦承諾了任務，就會全心全意地使命必達。這份責任感使得她在面對這個具有挑戰性且時間緊迫的演講任務時，能夠全心投入並且全力以赴。

演講任務本身的挑戰性不容忽視，而時間的壓力也相當巨大，然而，她的『專注』能力在這個過程中扮演了關鍵角色。這種專注力讓她得以集中精力，專心地朝著目標邁進，不分散注意力。

另外，她的『積極』天賦不斷推動著她克服挑戰。她勇於面對困難，不斷突破自己的極限，並將過程中的困難轉化為前進的動力。

Emily 的『前瞻』能力也功不可沒。她能夠預見並堅信自己會成功地完成這個任務，這種正面的預期幫助她在辛苦的過程中保持著積極的態度，並相信最終的

結果會是美好的。

當然，在安排翻譯、修稿時間、化妝師、攝影師等多項任務時，她的『統籌』能力也起到了關鍵作用。她能夠有效地統籌和協調各項工作，確保整個任務能夠順利地完成。

Emily 在這次 TED 演講的過程中，充分展現了她的『責任』、『專注』、『積極』、『前瞻』和『統籌』等多個天賦，這些天賦的相互結合使得她能夠在壓力下克服困難，成功地完成了這個極具挑戰性的任務。

Emily 的優勢教練經驗分享

天賦，是提升能力最關鍵的因素，但有時我們卻因爲不知道自己天賦在哪，而讓它們被埋沒了。也有些人因此在職場上浮沉，始終不清楚自己擅長做什麼。瞭解自己的天賦能幫助我們更認識自己，發掘自己擅長的領域，努力鍛鍊成優勢，並在這些領域中閃閃發光，進而達到自己的人生目標！

透過一對一優勢教練的引導，省去自己摸索的時間，更能深入探討分析個別遇到的狀況，會有種恍然大悟、腦洞大開的感覺，在生活和工作上就能更有意識地使用自己的天賦，打造自己的成功方程式！

Sara 教練帶領深入探討瞭解自己天賦的過程很有趣，會令人欲罷不能！同時也能從不同角度理解其他人，讓生活和工作都更加得心應手，很值得推薦給大家。

Emily 的人生戰略方程式

透過分享幫助到別人。

責任® | 專注™ | 前瞻® |
和諧® | 學習® | 積極® |
思維® | 搜集® | 成就® |
統籌™

預測未來最好的方式就是
創造它。

透過自己的親身實踐跟示範，變成別人的一盞
明燈或一道光，指引他們可以往想要創造的未
來前進。

Sara 教練對 Emily 人生使命的優勢洞見

  Emily 以她的『前瞻』天賦，一直致力於引導他人朝著美好未來邁進。她的使命在於啟發大家去探索、設想，並實現他們的夢想。這種前瞻性使她能夠領先看到未來的機會和挑戰，然後為實現這些目標規劃路線。

  更重要的是，Emily 展現出卓越的執行力，這是她的優勢領域之一。她不僅提供概念和願景，還透過自身的實際行動和示範來幫助他人實現目標。她知道夢想需要付出努力和具體行動，因此她的領導方式鼓勵人們積極參與、迅速採取行動。

  整體來說，Emily 的前瞻和執行力天賦使她成為一位卓越的引導者，能夠啟發他人探索未來、制定計畫，並通過自己的積極實踐來幫助他們實現夢想。

謝文憲

企業講師｜作家｜主持人

　　18 年前，我因偶然機會投入企業
教育訓練、廣播主持、專欄寫作、慈善
公益等工作，熱愛其中的自由度、幫助
他人，也符合興趣與天賦，雖然高成就
伴隨高壓力。在這段旅程中，我堅持在
這個領域深耕並持續學習成長，培養多
元專業知識與人際網路，讓生活更為豐
富並且創造價值。

 謝文憲的極限人生 FB 粉專

三個簡短描述自己的詞語

- 霸氣
- 溫暖
- 行動

擅長的事情中三件做得最好的事

- 企業授課
- 發揮綜效
- 高速行動

一對一教練過程前五天賦的運用分享

憲哥的前 10 大天賦分別為：

公平™｜行動®｜溝通®｜取悅™｜完美®｜

成就®｜責任®｜適應®｜積極®｜自信®

四大優勢領域中以『影響力』最為突出。

公平 Consistency ™

我主要將這種公平的原則應用在人際關係上，這樣可以避免被他人挑剔。在自我要求和處理團隊成員時，我更傾向於根據組織的需求來評估，而不是受個人喜好或情感影響。

這種公平原則可能對我在人際關係上有所幫助，讓我建立更好的關係。然而，在擴展人脈方面，它可能不會提供太多幫助。例如，當一些出版社要求我推薦書籍時，我會以公平的方式處理，只向我認識的作者提供支持。對於其他未知的作者，我通常會婉拒，因為我現在時間和精力有限，這樣做能讓大家理解我的立場。

行動 Activator®

實際行動是確定一個計畫或項目是否可行的最佳方法。我會像製作原型一樣，去嘗試新的創業或

項目。如果我發現一個計畫不可行，會嘗試其他方法。如果連續的嘗試都失敗了，那麼我可能會考慮放棄。當然，有時候十個項目中可能有七個失敗，但只要有三個成功，這對我來說已經很值得了。對我來說，這樣的機會成本是值得嘗試的。

溝通 Communication®

這個天賦在我很小的時候就受到關注，大約在十歲以下的年紀。當我還很年輕的時候，長輩們經常邀請我上台發表演講、進行模仿表演或者唱歌。

然而，現在我更傾向於先不說話，而是多加觀察。我瞭解到未來也許不需要將這作為一種武器，但我可以把良好的溝通當作一種盾牌。這不是我的武器，因此我們不應該使用它去傷害他人。相反，我將其視為一種防禦工具。

現在，我更多地聆聽，觀察，只在關鍵時刻才發表意見。在不屬於我的場合，我通常不隨便說話。

取悅 WOO ™

大約在我 25 歲左右的年齡，我開始進入業務領域並逐漸培養這方面的技巧。以前，參與團體活

動時我都表現得很出色，很容易與人建立良好的溝通，與他人建立情感共鳴。我瞭解在這些時刻，對方需要什麼，並且能夠適當地表現同理心。這有點像觀察對方的言語和行為，這種察言觀色的能力在人際關係中非常重要。

在未曾相識的人群中，我通常會首先尋找雙方對話話題之間的聯繫。比方說，如果我前往餐廳吃飯，而該餐廳正在舉辦一場讀書會，我會從讀書會的主題入手。或者，如果我剛剛發生了某事，比如在路上遇到了某個人或發生了某個事件，我會以這些經歷作為話題。如果這些選項都不適用，我可能會提及天氣，或者詢問對方是如何前來的、來自何處，或是從新聞事件和時事議題入手。

實際上，有多種方法可以建立快速的信任感。有時候，取悅他人意味著你要願意透露一些自己不完美的地方，這會降低對方的戒備，使他們更容易分享自己的不完美之處。這就像一種訊息的交換，當你分享一些自己的脆弱之處時，對方會降低警惕，因為他們認識到你也是一個普通人，會有遭遇困難和挫折的時候。

完美 Maximizer ®

我的完美概念主要關注在協同效應、雙贏或綜效，這意味著當我面對一個決策時，我會考慮是否能夠實現雙方或多方的利益，同時也有機會帶來某些意外的好處，這種情況會讓我更有動力去採取行動。

舉個例子，為什麼我會自己包場看電影，即使這對我來說好處不大呢？電影不是我拍的，為什麼我要這麼做呢？因為我考慮到，A 親朋好友通過這次的電影欣賞會有愉快的體驗，B 對於這部電影的製作人或導演，知道我包場可能會感到高興，並可能出席一些活動，如站臺等。因此，這兩個元素的結合，讓我不經意地創造了一個共享電影體驗的機會，這在社交圈建立中是一個關鍵的元素，而我所付出的代價只是一萬元，這是我的主要考慮因素。

Sara 教練的優勢觀點

之前，大大學院的創辦人 Jerry 和我分享了一個故事，描述當一群人在會議中陷入僵持和爭執時，憲哥毫不猶豫地站了出來，運用公平的原則化解了這種困境，這個案例生動地展現了他出色的『公平』天賦。

憲哥撰寫的《人生準備 40%就先衝》這本書，完美地展現了他『行動』天賦的特質：一旦有想法，就毫不猶豫地付諸實行，迅速採取行動，毫不拖延。

憲哥的敘事能力讓人印象深刻。雖然有些人可能會詞不達意，但只要將這些句子交給憲哥，他便能迅速將其重新組合成優美的言辭，他的『溝通』表達專長真的非常突出。

『取悅』天賦也是他引人矚目的一面。曾經有一次我參加了他包場的電影活動，與會者多達五、六十位，驚人的是，憲哥不僅能夠叫出每位參與者的名字，還能與他們輕鬆交談，這種強烈的親和力讓參加者都感到非常地舒適自在。

『完美』天賦對於憲哥而言，最大的驅動力是如何將每個專案或事情的效益極大化。這不僅是他所追求的目標，也是他動力的來源之一。

請分享一個過去印象最深刻的顛峰事件

在 2021 年，我們推出了一檔名爲《誰語爭鋒》的電視節目，這是台灣首個結合職場娛樂和商業選秀的創新節目。起初，我並沒有預先計畫要做這樣的節目，也沒有在腦海中設定過要實現什麼五十個夢想之類的目標。

從小我就喜歡看電視，也因此對電視節目錄製有著豐富的經驗，包括參與華視攝影棚的錄影，像是在《超級辯辯辯》節目中擔任評審五次之多。雖然我以前經常以嘉賓身分進入攝影棚，但當我以節目負責人的身分第一次走進攝影棚，更加強烈地意識到，我已經不再只是站在台上，而是站在幕後負責全局，扮演著不同的角色。

我們在籌備這個節目的過程中遇到了許多挑戰，像是海選人數不如預期，參賽者提供的資料良莠不齊等。但通過合作夥伴的支持和募款活動，我們成功籌得了足夠的資金，並成功拜訪 27 家廠商爭取贊助。這段過程雖然充滿著辛苦和困難，但我們堅持不懈，最終在 2020 年 12 月 26 日完成了第一集的錄製。

那天的錄影過程令人難以忘懷。在華視攝影棚裡，天氣寒冷，我們從贊助商全家便利商店拿來的咖啡暖和了我們的身心。站在攝影棚內，我感受到一陣溫暖，也感受到我們的努力和堅持，讓我能夠站在這個位置，成為節目的主持人。

　　我們在節目中不斷努力克服各種挑戰，包括申請文化部輔導金未果，以及節目最終未能達到預期的收視率。儘管如此，我仍然感到自豪和滿足，因為我們創造了這個節目，並且分享在 YouTube 上，觀眾群主要是國中和高中的學生。在疫情時期，我們的節目成為許多學生學習和娛樂的重要資源，這也讓我覺得我們的努力並不白費。

　　這個節目算是一個，我這輩子真的沒想到，但是我做得很好，算是我的巔峰時刻，雖然說最後一集在錄影的時候台灣的疫情非常的嚴峻，大部分的所有的成員都是戴著口罩完成，但我覺得至少有完成，對此生其實也無憾。

Sara 教練天賦解析

在節目的選角方面，我發現很多人因著憲哥的名號而前來參加，然而，憲哥刻意避免讓主要的參賽者都來自同一社交圈，因此他對這些支持憲哥的選手並不會過分照顧，以確保節目的參賽陣容不會過於封閉，有著更廣泛的參與。儘管節目中有 18 位非藝人參賽者，但其中只有 4 位是憲哥原本認識的，其他參賽者都是素未謀面的，這也凸顯了憲哥公平天賦的顯著特點，確保了『公正』的評分過程。

雖然節目的概念不是憲哥最初提出的，但他對節目名稱「誰語爭鋒」進行了定名。這個名稱恰如其分地凸顯了節目的主題，同時憲哥作為主持人，充分展現了他卓越的『溝通』天賦。

憲哥希望透過這個節目能夠讓更多人看到、受益，並且幫助各種層次的參與者提升口語表達能力。他將這種機會用於極大化的效益，致力於讓節目成為一個有益於廣大觀眾的平台，同時也體現了他對於『完美』天賦的追求。

憲哥的優勢教練經驗分享

　　1. 與其跨出舒適圈，不如擴大舒適圈

　　2. 運用自身優勢，才能發揮最大潛能，弱項找人合作就好

　　3. 與其補足弱項，不如放大強項，借力使力才不費力

　　Sara 在教練過程中非常有耐心、傾聽、很專業。對我而言，印證我確實認識自己，無論優勢或是缺點，而且正在實踐優勢的道路上，是我最大的收穫。

憲哥的人生戰略方程式

做擅長的事被大家看見。

公平 ™｜行動 ®｜溝通 ®｜
取悅 ™｜完美 ®｜成就 ®｜
責任 ®｜適應 ®｜積極 ®｜
自信 ®

成為一個 HUB 平台，串
連和放大更多可能性，讓
效益極大化。

透過服務和貢獻的思維，推廣公眾演說普及化
和兩性運動平權。

Sara 教練對憲哥人生使命的優勢洞見

　　沉浸在熱情之中，憲哥享受著從事自己擅長的事情，並受到他人的認可。這正是他在演說、培訓和成為舞臺焦點時所呈現的狀態，展現出色的『溝通』、『取悅』、『自信』天賦被大家喜愛。

　　在『完美』方面，憲哥希望自己能成為一個 HUB 平台，整合和串連資源放大結果，這在很大程度上也體現了他對效益極大化的追求。

　　他的人生使命涵蓋了推廣公眾演說的普及和兩性運動平權，這兩個項目也深受他強大的排名第一的『公平』天賦所驅使。無論是演說還是運動，憲哥堅信每個人都能夠擁有並展現這些能力。

艾兒莎 Elsa

創業家｜前女力學院共同創辦人

　　三年前，我踏上了女力學院的共同創辦之路。當初，是我的熱情、責任感以及對賺錢的渴望推動著我走上這條道路。我發現自己對這份工作深感喜愛的原因，主要是源自於成就感和驗證感。

 艾兒莎成長營

三個簡短描述自己的詞語

- 自信
- 自我
- 極端

擅長的事情中三件做得最好的事

- 創意
- 發想
- 邏輯

一對一教練過程前五天賦的運用分享

Elsa 的前 10 大天賦分別為：

交往® ｜體諒™｜個別®｜思維®｜關聯®｜

審慎™｜適應®｜戰略™｜伯樂®｜統籌™

四大優勢領域中以『關係建立』最為突出。

交往®

我從小到大有許多深交的朋友，而這些友情往往是由互相介紹而來，而不是大規模社交活動的結果。我在結交朋友方面是個篩選性很高的人，然而有時會過度使用這種人脈，因為工作或其他事情需要，而疏忽了社交的重要性。

我的閨密們通常都是我在工作上的心靈支持者，先不說生活方面的支持，但絕對會在工作或需要時提供幫助。他們的人脈網路對我來說非常有價值，因為他們總是能夠迅速提供我所需要的資源。

至於大型社交場合，我雖然偶爾會參加，但往往只認識一、兩個人。我更擅長在這些小型聚會中建立深厚的關係，而不是廣泛社交。對我來說，真正重要的是與那一、兩個人建立共鳴，並在工作上互相幫助。

工作方面，我的『交往』天賦在與客戶或消費者互動時特別有用，能夠快速建立共鳴，瞭解他們的需求，這對於處理創意型工作非常重要。我也擅長在工作中創建故事，這對於那些需要創造性思維的工作來說很適合。

體諒™

我很能理解那些情緒化的時刻，因為我自己也經歷過類似的感受。有些事情確實可以深深觸動我，甚至讓我難過好幾天。這種情緒化的體驗可以讓我更容易共感，尤其是在與消費者或同事互動時。

例如，當我看完一部感人的電影或故事，我可能會受到啟發，因為我真正感受到了其中的情感和故事背後的深層含義。這樣的體驗可能會影響我的抉擇，甚至激勵我去追求一個新的目標，就像我可能會立刻決定去創業一樣。

同樣，當我的朋友感到傷心或情緒低落時，我會盡力去理解他們的感受，並盡力支持他們。我的情感敏感度讓我更容易感受到他們的需求，並提供幫助。我已經習慣了這種情感的影響，我會順著我

自己的情緒，甚至將它轉化爲靈感來源，這樣我就可以更好地理解和幫助他人。

個別 ®

我的朋友都擁有深度與內涵，而且每一個都有獨特的特質和個性。他們之間的不同之處可能讓他們難以和諧共處。曾經我試圖將他們聚在一起，但總是無法找到一個共通的頻率。

但是，我很自然地能夠與這樣多元的人建立友誼。我可以理解每個朋友都有自己的生活背景、價值觀和思維方式，所以我不會試圖強迫他們適應我的模式。相反，我會根據不同的朋友使用不同的互動方式。這種能力讓我能夠在不同的情境中建立深刻的連結。

我也發現自己在相同的情境下可能會有不同的反應，例如，有些朋友可能會看到我堅定的一面，而其他人可能會看到我隱忍的一面。但這不是僞裝，而是我根據與人互動的不同情境和需要來適應的結果。這種靈活性使我能夠在與不同人的相處中表現出眞實的自己，同時保持尊重和適應性。

思維 ®

我可以明顯感受到自己是一個喜歡思考的人。無論是在生活中還是工作中，我傾向於以思考為主，並且樂在其中。這種思考的過程不僅是我的工作方式，也是我的熱情所在。

我非常享受這種思考的過程，並且將其視為學習和成長的一部分。對我來說，重要的是不斷挑戰自己的思維邏輯和能力，只有當我能夠深入理解底層連接和邏輯時，我才會感到自己在進步。因此，我非常重視這個方面。

我總是想要思考得更加廣泛和深入，尋找隱藏的連結、關聯性，並思考得失。有時候，我會把一些想法放在一邊，期待未來能夠突然獲得靈感，或者某些事件會讓我重新思考，可能會有全新的洞察。這讓我能夠不斷最佳化我的思維，將它們變得更加清晰，或者思考得更加廣泛，這是我非常喜歡的。

然而，這種持續思考的模式有時候會讓我感到有點累，因為我感受到了心理上的負擔。讓腦袋放鬆對我來說有點困難，因為我的大腦總是充滿了各

種思考。儘管如此，當情況變得緊急時，我還是會立即行動，雖然相對於其他人，我可能拖延得更久。這也許會給人一種我缺乏行動力的印象，但實際上，我只是需要更多時間來思考和計畫，以確保做出的決策是明智的。

關聯 ®

我發現自己可以輕鬆地將看似不相干的事物串聯在一起，這對我來說是一個有趣的挑戰。當我思考事情時，我傾向於運用生活經驗和各種看似不相干的知識來看待問題，並且尋找它們之間的關聯性。這種能力使我能夠從不同的角度來解決問題，並從中學習。

即使某些事情似乎毫無關聯，我仍然喜歡去尋找它們之間的聯繫。這可能意味著我會運用一些看似不太可能的知識或觀點來串連，這些知識或觀點可能超出了一般人的理解範疇。

儘管我自己是一個無神論者，對於宗教性的事物沒有太多關注，但我會保持開放的態度，並相信有些事情可能超越了我們所理解的範疇，也相信高我和更高層次的存在。

Sara 教練的優勢觀點

Elsa 的前五大天賦中，有四個都屬於『關係建立』優勢領域。這些特質深刻地影響了她的人格特質，讓她在人際關係和思考方面表現出色。

在情感方面，她可以以多種方式與不同特質的人建立交流，此為『個別』，進而她理解他人的需求並與他們建立共鳴『體諒』，並且在人際關係中建立深刻的聯繫『交往』。

因『思維』天賦，她喜歡動腦和思考。她不僅追求問題的表面，還追根究柢，對邏輯性思維和深度思考非常重視，這有助於她在解決問題和制定策略方面表現出色。而『關聯』天賦，讓她也有能力將看似不相關的事物串連在一起。這種特質使她能夠找出事物之間的關聯，形成獨特的見解。

正因為這些天賦共同形塑了她獨特的人格特質，讓她在關係建立和個人成長中取得成功。

請分享一個過去印象最深刻的顛峰事件

　　當我還在新加坡的時候，我舉辦了一場非常特別的活動：面膜的新品發表會。這是一項挑戰，因為我並不是當地的專家，所以需要自己規劃和執行整個活動。當時，我只有幾個公司員工和家人前來協助，因此我們必須團結在一起，盡力做到最好。我們從活動的計畫、執行，甚至細節都自己處理，這對我來說是一個極大的挑戰。

　　儘管困難重重，活動仍然取得成功。我們達成了當天的目標 KPI，吸引了許多當地的粉絲、潛在顧客和其他與產品有關的人。整個場地擠得水洩不通，活動也得到很多正面的回饋。當時，我們的主要目標是推廣品牌，讓更多人瞭解這個產品，並且讓他們親自體驗。最終，我們成功實現了這個目標，而且我們的活動成本是打平的，既沒有虧損也沒有獲利。

　　當時，我們在品牌形象和故事的營造上取得相當成功的成果。整個品牌以及它的形象都非常引人注目。我們的產品展示出色彩繽紛、令人愉悅的特質。這個活動不僅是一次品牌推廣，也是一個社交

聚會的機會。它讓台灣的當地居民有機會走出家門，參加一個熱鬧的活動，並與其他人建立聯繫，也讓我的粉絲看到原來一個台灣的小女生可以做到這個程度。

儘管當時的表現讓我感到緊張，但這個活動對我來說是一個勇敢嘗試的機會。它展示了我的創業精神和決心，因為我當時在新加坡才創業了幾年，而這個活動對於我來說是一個重要的成長經歷。

Sara 教練天賦解析

Elsa 提到當時舉辦這個活動真的依靠很多身邊新加坡的朋友幫助、提供資源讓她可以把這些東西串連起來。這突顯了她的『交往』天賦的明顯特質。身邊的交心朋友在需要的時候成為了她的幫助者，這樣的天賦使她能夠建立並維護強大的人際關係網。這些朋友不僅提供了資源，還提供了支持和信任，使她能夠勇往直前。

她的朋友們提供了許多人脈和資源，使她能夠在極短的時間內進行統籌和整合，並有效地管理團隊。這也展現了她在前十大天賦中的『統籌』能力，讓她能夠有

效地利用這些資源，使品牌活動順利進行，並取得成功。

透過這些突出的天賦，她不僅獲得了所需的資源和管理團隊的能力，還學會如何建立一個成功的品牌活動。這些能力正是她這次巔峰時刻的關鍵所在，使她的活動成為一個令人難忘且極具影響力的成功故事。

Elsa 的優勢教練經驗分享

　　一個一個解析每個天賦的過程，Sara 都會帶一個那些文字解釋，這是我蠻喜歡的地方，也對我很有幫助。而在這個過程中，從自己的最輝煌時刻開始，去找到與天賦的連結也是蠻好的。這讓我明白了，原來我可以從這些經歷中找到我真正的才能，並將它們運用在其他方面。這種收穫對我來說非常有價值，也讓我感到非常滿足。

　　這一次的教練我更加瞭解整個過程的深度，以及如何更好地將天賦應用在我的生活中。Sara 所提到的，每一個細節都有其意義，如果忽略了它們，可能會限制我的發展，這也是我需要關注的地方。這種細緻入微的分析和教練讓我更有信心，能夠更好地應對未來的挑戰。

Elsa 的人生戰略方程式

成長和賺錢。

交往® |體諒™ |個別® |
思維® |關聯® |審慎™ |
適應® |戰略™ |伯樂® |
統籌™

自由與愛。

透過有趣且有助於個人成長和增加收入的活
動，讓人們感受到生活充滿希望和動力，並享
受舒適的生活。

Sara 教練對 Elsa 人生使命的優勢洞見

透過 Elsa 突出的靠前天賦，以『關聯』、『統籌』使得她在人生旅程上不僅能夠更好地串聯和整合資源，將各種潛在的行動聚焦在一起。運用『戰略』也能夠創建一個正確的商業模式，並以有趣的方式實現盈利。同時，這也是一個機會，利用『伯樂』將她的個人生活經驗轉化為有價值的輔導與他人分享，並以『交往』帶領志同道合的人一同往共同的目標前進。

她的天賦不僅受益於個人層面，還能夠為社會做出貢獻，實現真正的生活滿足感。這樣的方法不僅為她自己帶來了成長和盈利的機會，還激勵著他人，讓大家都感到人生充滿希望和動力。

許景泰

商戰 CXO 執行長｜企業顧問

九年前，我重新踏上創業征途。以前，我創業的初衷主要是為了賺錢和追求夢想。但這一次，我的目標不僅僅是獲利，更在於幫助他人在職場上取得成功。因此，我毅然決然地投身於職場教育領域。

我深信，只有不斷學習，與更優秀的人交流，才能持續成長，用自己的生命影響他人。為了因應不斷變化的環境，我不停地跨界學習，尋找不同領域的專家，從他們身上獲得啟發，並將這些知識應用到生活中，幫助他人實現他們的目標。

我相信，與中高階人士的交流不僅可以讓我學到更多，也能幫助他們取得更大的成功。因此，我選擇了職場教育

這個領域，將我的終身學習的熱情和人脈網路相結合，為自己尋求更多成長和滿足。

 商戰 CXO 遇見更厲害的人

三個簡短描述自己的詞語

- 終身學習與超越自己
- 先利他再利己
- 用生命影響生命，放大專業影響力，造就更多人

擅長的事情中三件做得最好的事

- 深化知識數位產品
- 打造個人 IP 品牌
- 企業數位行銷授課和顧問諮詢

一對一教練過程前五天賦的運用分享

　　Jerry 的前 10 大蓋洛普優勢天賦分別為：

　　回顧® ｜成就® ｜行動® ｜戰略™ ｜自信® ｜

　　責任® ｜完美® ｜交往® ｜學習® ｜競爭®

　　四大優勢領域中以『戰略思維』最為突出。

回顧 Context®

　　如果過去沒有相關的經驗，我通常會決定自己先嘗試。這是因為我瞭解到對於全新的經驗，尤其是創新的事物，很多時候需要親自去探索和試驗，因為這樣才能確保事情能夠實現。如果沒有參考值，我會鼓勵團隊的成員一起參與，因為多方的參與和不同的觀點可以提供更全面的視角和解決方案。這有助於降低風險，提高成功的機會。

　　然而，回顧的天賦也有其缺點。以往我嘗試創新的東西時，很多時候我不會輕易地授權給他人，因為他們可能缺乏相關的經驗，我會更傾向於掌控事情，確保它們會按照我的預期進行。

　　另一個缺點是，對於我來說，可能會花更多的時間來做出決策。例如，在開始做線上學習之前，我花了八年的時間來確保我有足夠的教學經驗和知

識，來確認它會成功。這種保守的態度有時會拖延我採取行動，但也確保只有在我有信心的情況下才會踏出第一步，因為我很需要成功的經驗告訴我，這件事情往下走會長什麼樣。

成就 Achiever®

我的確對自己要求很高。這種特性可能會有一些盲點，例如讓自己過於疲累。舉例來說，我能夠在一天內處理大量事務，速度可能超越一般人。例如，我可能在腦中同時思考六個企業課程的安排，而且能夠在半天內完成其中一個的規劃。然而，這樣的做法也讓我的大腦充滿各種想法和構想。我經常思考如何處理這些事情，即使我並不一次性完成它們。這種持續的思考可能會造成心智的負擔。

舉例來說，之前我家的設計主管要離開，在他還沒離職前我們已經進行了大約兩個月的討論和交接。他告訴我，我是他見過最用功的老闆，說他從來沒看過我懈怠。我當時很驚訝，因為我認為自己一直在努力工作，但我沒有特別察覺到自己在別人眼中有特別勤奮或是認真。

行動 Activator®

疫情後，我有了一些新的理解。以前，我通常會馬上嘗試解決問題，但現在我更傾向於先自己嘗試。之所以改變，主要是因為我意識到這樣的方式可能會消耗更多資源。另外，自己去嘗試能讓我更深入地瞭解問題所在，我更容易找到問題的根本。

然而，這種方式也有一個小缺點，就是有時候我可能會等到一個階段才召集團隊，成員可能會較晚瞭解我的計畫。這有點像是我們以前在擔任領導時經常講的方式，先提出願景和藍圖，而現在我更傾向於先行動，再回來分享願景和藍圖。

我認為這樣的方式更能確保我們走在正確的道路上。早期我看 TED 演講時，總是強調要有願景和藍圖，但創業後，我漸漸明白有些時候，人們是在實際行動後才理解事情的價值和意義，然後回來為自己建構一個更強大的故事和理由。我認為自己現在更傾向於後者的方式。

戰略 Strategic ™

在我擔任顧問時，我通常會感到自己非常清楚且迅速，因為我不需要花太多時間去驗證事情。然

而，當涉及到戰略貢獻時，從企業主或高階經理人的角度來看，他們可能會覺得我非常優秀，對於提供建議和策略有清晰的理解和方法。儘管我有一套策略和方法，但實際執行是另一個問題，如果要自己去執行，我可能會感到焦慮。所以，如何驗證戰略也是一個需要面對的執行方面的問題。從戰略思維的角度來看，這可能是一個挑戰。

至於在三次創業經驗中，我認為『戰略思維』在其中發揮了重要作用。我曾經和一位好朋友討論過這個問題，也有一位舊同事提到過。他們指出，我似乎總是能夠在某些趨勢崛起時迅速行動，無論是 KOL、大數據還是線上平台。這讓我想到，我似乎很容易識別趨勢，看到未來的可能性，然後採取行動，而這也許是我在創業過程中成功的一個關鍵因素。早期看到機會，然後果斷行動，可能是我能夠在 0 到 1 或 1 到 100 的過程中迅速獲利和成長的原因之一。

自信 Self-assurance®

我覺得『自信』天賦可能特別是在對外演講和授課等這方面比較明顯。在這些情境下，我很少感

到困擾。此外，我對於面對新的經驗也有相當的信心，這種信心可以彌補我缺乏經驗的地方。我傾向於用信心去挑戰自己，即使我可能缺乏實際經驗，但這種信心可以幫助我勇敢嘗試，不怕失敗，因為無論結果如何，我都相信自己可以應對或是承擔錯誤。

Sara 教練的優勢觀點

之前聽 Jerry 分享過一堂課關於如何舉辦好一場成功的讀書會，他將過去 20 年來舉辦過讀書會的成敗經驗歸納、並且整理出一套他認為最有效率的方式，鉅細靡遺地解說大大小小會影響成敗的執行細節，當時我深深地被他強大的覆盤能力所震撼到。也因為他的無私分享，更讓很多人也開始舉辦出優質的讀書會，這便是『回顧』的特點。

Jerry 的『成就』天賦在他身上表現得淋漓盡致，他迫切想完成所有事情，這也是他成功的原因之一。然而，有時這種特質會讓他過於操勞，因此建議他偶爾喘口氣。

雖然 Jerry 的『行動』天賦排第三，但他的決策不會匆忙。受到回顧天賦的影響，他會給自己足夠的思考時間，這使他的行動更有策略性，不會過於急躁。

他擁有出色的『戰略』和『自信』天賦，能看到商機並勇敢承擔風險，這在他的創業歷程中得到了充分體現，是他成功的重要因素。

請分享一個過去印象最深刻的顛峰事件

2007 年，正值智慧型手機崛起和 Web 2.0 的時代，我看準了這個風口，開始從事網路經營，做了早期的網紅（部落客）經紀。

當初的我，對於市場趨勢的敏感度是個關鍵，當年備受期待的 iPhone 面世，智慧型手機的興起，和 Web 2.0 社群的盛行，這些讓我深刻意識到一個新時代正在來臨。我利用自己的背景知識，尤其是在廣告領域的經驗，選擇抓住這個機會，年輕的我決定迎接挑戰，加入了一家創業公司並成爲合夥人。

當時這家公司已經瀕臨破產，庫存只剩下 500 萬，加上我自己的 100 萬，每個月的營運成本高達

百萬，但月營收僅有 50 萬。在這樣的困難環境下，我承擔了業務和行銷的工作，不得不推銷一個尚未成熟的產品，每天都在想辦法取得業績，因為我們的現金庫存在不到半年的時間內就會被耗盡。

然而，年輕而勇敢的我不畏艱難，這一年我完成了驚人的 2700 萬業績。隨後，我建立了一支優秀的銷售團隊，三年後，公司的業績突破億元大關，成為當時業界知名的口碑廣告公司。

這段經歷讓我學會了對市場趨勢保持敏感，並且利用自己的專業知識和直覺做出重要決策。我也發現了創新的力量，把廣告和內容結合，創造了一個良好的商業模式。這段時間的經驗也讓我成為一名講師，我能夠將自己的經驗分享給別人，幫助他們在創業和市場競爭中取得更大的成功。

這段經歷對我而言是一個重要的轉折點，它讓我認識到成功並不是僅僅依靠自身努力，更需要抓住機遇、善用專業知識並不斷創新。這也是我對於創業和市場的一個堅定信念，成為了我人生中的重要一頁。

Sara 教練天賦解析

在這個巔峰時刻的成功經驗中，Jerry 展現出了獨特的『戰略』天賦。他能夠輕鬆地洞察趨勢和風口，雖然他自己稱之為直覺，但實際上，這種直覺就是一種高度準確的戰略洞察力。這種能力使他能夠快速識別潛在的商機，精準地抓住市場的趨勢和變化。

此外，Jerry 也展現了大量『學習』的能力，這在創業過程中至關重要。他不斷學習各種領域的知識，包括行銷、業務、演講、寫作和管理等。這種多樣化的學習幫助他不斷提升自己的技能和能力，使他更有競爭力。

最後，『自信』天賦也是 Jerry 成功的一大關鍵。這種自信讓他在面對重大決策時能夠充滿信心，不害怕面對困難，勇往直前。他能夠克服挑戰，不會過多思考可能的阻礙，這種自信驅使著他不斷前進。

這些天賦和能力共同推動了 Jerry 在創業道路上的成功，使他能夠在競爭激烈的市場中脫穎而出，實現了令人矚目的成就。

Jerry 的優勢教練經驗分享

　　找到人生的天賦優勢和領導力，有助於讓自己發揮未見的潛力，更容易幫助自我察覺，做事、做人都很有助益。隨時提醒和鼓勵自己發揮天賦的長處，必能發揮最大價值！

　　很開心在這條路上你幫助很多人，我和同仁也從中受益良多，持續前進，讓我們都能發揮正向、向上的影響力，造就和幫助更多人！

Jerry 的人生戰略方程式

培育領袖。
看到學員改變。

回顧® ｜成就® ｜行動® ｜
戰略™ ｜自信® ｜責任® ｜
完美® ｜交往® ｜學習® ｜
競爭®

生命影響生命。
創造生態鏈、擴大無限可
能。

透過打造與菁英為伍、與名師共學生態圈，培
育和賦能未來領袖。

Sara 教練對 Jerry 人生使命的優勢洞見

Jerry 擁有出色的『回顧』天賦，他能夠從過去的成功和失敗經驗中不斷學習和成長。這種能力讓他能夠反覆檢視過去，最佳化自己的行動，並找到當下的熱情和目標。通過不斷地回顧和反思，他能夠不斷提升自己，讓過去的經驗成爲未來成功的基石。

『完美』的天賦表現在於他的渴望幫助和培育出領袖，讓更多的人受益。他的使命不僅僅是實現個人成功，更是將自己的經驗和智慧傳授給他人，以最大程度地實現社會效益。

『學習』的天賦讓 Jerry 致力於打造一個優秀的教育體系，讓人們有機會與菁英和名師共同學習。他深信通過教育和學習，每個人都有機會不斷自我提升和精進，這也體現了他對學習價值觀的堅持。他希望通過這種方式幫助更多人實現他們的潛力，不斷進步。

這些天賦使 Jerry 能夠在個人和社會層面實現卓越，並爲他所事業的領域帶來深遠的影響。

吳東翰

doTERRA 台灣創始人成員之一｜
消費致富系統專利發明人

　　12 年前開始從事現在的工作，因
為這是一個可以實現「人生快樂玩，快
樂玩工作」的工作模式。這個工作不但
讓我可以時間自由、又可以透過幫助別
人來創造一份持續性收入、並且完成財
務自由的目標。我深深喜愛著現在的工
作，因為它給予了我前所未有的快樂、
自由和成就感。

 3014 精油分享園地 FB 粉專

三個簡短描述自己的詞語

- 簡單
- 自信
- 做自己

擅長的事情中三件做得最好的事

- 團隊的統籌和運作
- 幫助別人瞭解自己
- 透過線上課程傳承畢生的體悟和思維

一對一教練過程前五天賦的運用分享

吳老師的前 10 大天賦分別爲：

思維® ｜學習® ｜完美® ｜統籌™ ｜伯樂® ｜

紀律™ ｜專注™ ｜關聯® ｜交往® ｜戰略™

四大優勢領域中以『戰略思維』最爲突出。

思維 Intellection®

以天賦優勢心理學來看，我被稱爲遠見主義者，就是我看得比較遠，對於現在跟未來兩者都要兼顧。像我現在開的課程「量子思維成功祕法」，會把某一些關鍵字運用在生命中。我最強調的就是想法等於結果，因爲這是我個人的體悟，想法創造結果、思維引導行動、念頭影響實踐。具有此思維特質的人在思考中更具廣度和完整性。我在面對問題時，不會先處理當前，而是更深入去追溯背後因果，去找到一個一勞永逸的解決方法。

這種思維模式讓我的邏輯能力相對優越，我能夠先思考前因後果。我讀書的時候數學就比一般人好，因爲它強調邏輯而非純粹的公式記憶。同時，我也展現出預感和直覺，實際上依然是基於邏輯。別人常稱讚我預測準確，其實則是因果關聯的清晰

把握。這種能力在選擇時更具信心，因為我不僅看到問題，更預見因果所帶來的結果。

學習 Learner®

我的學習方式相當簡單。在涉及的領域裡，我會以該領域的第一名作為學習對象，深入瞭解他的方法和成功之道。回顧我從事室內設計時的經驗，我找到台灣前一百名設計師名人錄，特別關注最年輕的前輩。即使他比我年長十歲，我將十年設為達到目標的時間框架。同樣的方法運用在保險業，我從業期間學習業界最頂尖的人。

我深信與成功者學習是最有效的捷徑。透過觀摩這些成功者，我能夠快速掌握關鍵要點。我經常建議他人，選定自己感興趣的領域，例如烘焙，那就去尋找吳寶春等專家，或是新贏得世界冠軍的人作為學習對象。從學徒開始，不要計較薪酬，投身其中。我堅信這是值得的代價，多數導師也都會很樂意傳授經驗。選擇在高手團隊中工作，你將得到豐富的實踐機會。跟隨專家，即使能力不足，專家也能協助你快速指出問題所在，你的學習效率和進步的速度也會因此大幅提升。

完美 Maximizer®

　　我思維模式的一貫信念是追求一勞永逸的方法。我深知因果關聯是同時存在的，因此我會考慮想要達成的結果，然後尋求實現之道。與其滿足當下需求，我更偏向思考所期望的結果，將其納入整體策劃，然後逐步實現。

　　這種思考模式讓我在行動中更具步驟和系統性。我強調可複製性，所以我希望我的方法能夠被他人學習和模仿，進而賦予更多人參與的機會，並找到合適的幫手。擁有系統性，也讓我能夠產生更大的影響。

　　透過這樣的方式，我能夠在事業中達到長期且可持續的目標。我不只是追求即時的效果，而是運用策略和思考，將所追求的結果從遠處引向現實，實現更具廣大的效益和影響力的成就。

統籌 Arranger ™

　　我重視先處理最重要的事情，就像進食一樣，我會先享受我喜歡的部分。舉例來說，有一盤肉菜，雖然現在有健康意識，我會先選擇吃肉。過去，即使不顧健康，我也會先享受喜愛的食物，那

些可有可無的，會留在後面。我會先滿足喜好，之後再考慮其他，這樣吃完後，我已經滿足，後面的部分就成爲選項。

在處理事情時，我會思考何者最爲重要，基於一勞永逸的原則，我會集中精力在重複性高的事情上。對於一勞永逸的事情，我們可以找到簡單的方法。我會整合各項事務，使之成爲一個整體。

在我的「量子思維課程」中，我將「瞭解自己」置於最前段。我推薦學員使用適合自己的方法來認識自己。儘管我自己也是高級論碼師和紫微老師，我仍鼓勵學員透過其他老師的教學來認識自己，因此，我把這個任務分配出去而不會自己來做，讓自己專注在更重要的任務上面。

伯樂 Developer®

我始終堅信與對的人合作，採用正確的方法，這才是捷徑的方式。我發現每個人都應該做適合自己的事情，尋找志同道合的人。這就是物以類聚和同性相吸的道理。

通過將人分類，特別是找到志同道合的人，我可以觀察和瞭解他們，然後提供合適的方法，像私

人教練一樣幫助他們。我本身就屬於這一類型，所以我會使用系統，即使遺漏了某些人，我也有為他們設計的系統。雖然不會親自帶領他們，但在他們需要幫助時，我的系統能夠給予他們指引。

我設計不同的方法來適應不同類型的人，確保他們都擁有符合自己目前需求的學習工具。無論他們需要與否，我都有所提供，這是我為賀比（團隊中能力最弱的那位）設計的。無論你是如何來到這個地方，我都確信我的方法能夠幫助你。

Sara 教練的優勢觀點

在我看到吳老師所發明和擁有專利的消費致富系統之後，就深深地被折服。透過當個一般的消費者，人人也有機會創造持續性地被動收入。能發明這個系統，便是強大『思維』天賦下的產物。

『完美』天賦讓「一勞永逸」的理念影響著吳老師的每一步，他創造出系統和可複製性，以極大程度提升結果的效益和影響力。

『伯樂』天賦擅長因材施教，並且設計出人人都可

以做到的方法，也大幅提高了系統的可執行性。

　　『專注』天賦讓吳老師以終為始地專注在最終的目的地，不斷地最佳化和思考最佳的可行方案，這也是他一直在奉行的人生哲學。

請分享一個過去印象最深刻的顛峰事件

　　我在三十歲的時候，本來要開庭園咖啡，但改成了茶藝館，我不懂喝茶也不會泡茶，然而茶藝館是大型的複合式場所，需要專業人士來教學。我找來高雄市有名的茶藝老師來教員工，開始學習茶葉選購、泡茶技巧，也參加了茶藝比賽。

　　我發現公司員工在比賽中表現平平，當時的比賽規則和技巧我們都不瞭解，我認為這不對，因為我們的場地很大，但卻被其他選手壓制。我開始研究比賽規則，請員工分別觀察和記錄每個不同的步驟和得分的關鍵，因此調整我們的策略。

　　後來，我們公司在茶葉比賽中屢次獲得第一名，我也體會到比賽的規則和技巧，開始訓練我們的員工，使他們在比賽中表現出色。此外，我們參加全國比賽，也獲得了不少的第一名。我發現，方

法和基本功是關鍵，必須瞭解每個過程和動作的意義、掌握計分的關鍵和要點，才能在比賽中取得優勢。我自己也在隔年下場參加比賽，經歷比賽時的緊張和挑戰，練習和調整自己的表現，最終也得到了泡茶比賽冠軍。

　　不僅在泡茶比賽中成績優異，我也致力於培訓我們的員工，讓他們對茶葉有深入的瞭解。我們舉辦茶葉比賽，也讓員工實際前往茶山學習，這讓他們成為茶葉領域的專家。這些努力和培訓，使我們公司的員工在茶葉領域中具有優勢，表現優秀，贏得了一連串的比賽。

Sara 教練天賦解析

　　吳老師運用『統籌』的能力，分派團隊成員觀察比賽的每一步驟，逐一拆解並研究計分的關鍵。他致力於瞭解如何拿茶杯不會燙手、避免茶滴出，以及泡茶不會苦澀等技巧。而透過『學習』天賦讓他持續學習和思考，並深入瞭解每個動作的重要性。

　　這些學習和觀察的成果，被吳老師納入最佳化流程

中，尋找出最佳的 SOP 流程。他致力於將每個步驟進行改良，以達到完美的效果。他針對茶杯的握持方式、避免茶滴的技巧，以及泡茶的時間、水溫等因素，進行精細的調整，確保每個動作都能夠達到最佳效果。以上充分展現『完美』的天賦。

　　『思維』的特性讓吳老師設計了一套獨特的泡茶方法，特別是針對拿茶杯和茶壺的手法。他提出用非慣用手拿水壺，用慣用手拿小茶壺，這樣的技巧使得泡茶過程更加流暢，效果更佳。他形成了自己獨特的東漢流，這套泡茶技巧在他的指導下不斷完善，成為一套成功的方法。

　　吳老師的努力和專注，使他在泡茶比賽中屢獲佳績，並且他的學生也因為他的培訓而在比賽中取得成功。後來，這套泡茶技巧甚至被春水堂借鑒學習。通過吳老師的精心研究和不斷改良，他創造了一個成功的茶葉泡製流程，並將這個成功方法傳授給更多人。

吳老師的優勢教練經驗分享

　　教練的過程很開心，更清楚如何善用自己的天賦。原來瞭解自己的天賦以及優勢的組合是那麼的重要，每個人都應該要透過這個系統來更清楚地瞭解自己。

吳老師的人生戰略方程式

將自己的經驗傳承。

思維® | 學習® | 完美® |
統籌™ | 伯樂® | 紀律™ |
專注™ | 關聯® | 交往® |
戰略™

幫助別人（賺錢）。
你有的東西才可以給，你
做的就是你要教的。

> 我要讓全人類都可以得到健康、找到預防疾病
> 的方法。在追求財富的過程當中，都能夠擁有
> 健康的身心來享用努力而來的財富。

Sara 教練對吳老師人生使命的優勢洞見

　　吳老師的「傳承」熱情與天賦之間的聯繫，讓我們洞察擁有『學習』天賦突出的人喜歡透過學習幫助他人進步，而『伯樂』天賦更享受見證別人成長與進步的樂趣。

　　他深信可以同時達到健康和財富，因此創造消費致富系統，以實踐這一理念。這彰顯了他『思維』和『完美』的特質，透過系統性的思維，致力於創造一種永續的方法來實現這個目標。

　　這些天賦結合在一起，形成了吳老師獨特的使命和方式，激勵他不斷追求自己的夢想，並鼓勵他人一同前行。

郝旭烈

財務顧問｜作家｜企業講師

　　我之前的工作經驗非常多元化，從半導體公司到銀行業，再到創投領域。我還從事過家教、餐廳演唱、音樂沙龍主持、廣告聲優、線上課程制作、作曲和出版書籍等多項工作。三、四年前我成爲了一名 Podcast 主持人，在這個角色中我可以分享知識、與有趣的人進行訪談，並提高人們的生活品質。多元化和不斷嘗試新事物則充實了我的生活。我喜歡能夠抓住各種機會，因爲這些機會讓我的生活更加豐富多彩。

 郝旭烈 Caesar FB 粉專

三個簡短描述自己的詞語

- 具有廣泛的興趣
- 關心他人的感受
- 喜歡獨處的寧靜

擅長的事情中三件做得最好的事

- 把複雜的事情簡單化
- 把專業的事情大白話
- 把混亂的狀態條理化

一對一教練過程前五天賦的運用分享

郝旭烈的前 10 大蓋洛普優勢天賦分別為：

理念® ｜完美® ｜學習® ｜思維® ｜積極® ｜

交往® ｜體諒™ ｜適應® ｜搜集® ｜關聯®

四大優勢領域中以『戰略思維』最為突出。

理念 Ideation®

我個人不喜歡生活一成不變，這一點在我的個性中有所體現。從小開始，我就非常喜歡嘗試各種不同的事情，包括繪畫。在工作方面，我擁有多樣的經歷，從半導體公司到銀行業，再到創投領域，以及寫書和製作課程等，這些都與我的工作相關。我還擔任過播客主持和節目主持工作。

對我來說，生活本來就應該是多樣化的。只待在一個地方或領域會感到遺憾。每當有人邀請我嘗試新事物時，我總是願意，因為這些機會讓我的生活更加豐富多彩。在嘗試新事物的過程中，我會根據自己的看法和想法，將一些獨特的元素融入其中，不一定要完全按照別人的方式去做。

例如，在 podcast 節目上，有人認為需要準備腳本，精心設計標題，確保設備沒有雜音。但我選

擇不準備劇本，因為沒有劇本就不需要訪綱，不需要與嘉賓進行訪綱校對，這可以節省很多時間。此外，我不進行剪輯，而是將真實的對話保留下來。這種方式讓我感到舒適，我不是為了讓別人滿意而這樣做，而是為了自己的快樂。我認為自己是自己的目標客戶，只要我自己感到滿意，其他人喜歡與否並不重要。我嘗試用更創新、更高效的方式做事，以便能夠挪出更多時間來嘗試其他更多好玩的事情。

完美 Maximizer®

當我回顧我的職業生涯，我發現『完美』天賦這個概念在不同的工作環境中有著不同的體現。當我年輕的時候，我在半導體業工作，這個領域對品質和細節要求極高。我自己也變得注重細節和完美。這除了是我的個性，也是工作環境所塑造。

之後，我轉到銀行業工作，這個領域則要求更快地達成目標，因為公司設定了各種時間表和指標。這使我更注重效率。我不確定是否因為工作環境的不同，而改變了我的個性，因為我一直受公司要求的影響。

在過去的十一年中，我回到台灣，開始思考如何極大化時間的價值，而不僅僅是金錢。留白極大化變得非常重要。透過留下更多的自由時間，我能夠提高工作的效率和品質。我的方法是留下更多的時間，去嘗試新事物，讓生活更充實並增加價值。

現在，我的工作和生活態度是，希望將單位時間的價值極大化，這不僅僅包括金錢，還包括在享受生活、休息和追求有趣事物方面。我認為時間管理不僅僅是控制，也包括留白。通過留白更多的時間，我能夠更專注，並提高效率。這種思維方式對我的工作和生活都產生了積極的影響。

學習 Learner®

在興趣方面，我喜歡多種運動，雖然小時候因為氣喘無法運動，但我不斷鞭策自己，嘗試游泳、跑步、騎自行車和體驗三項賽等多種運動。我的興趣之一是國標舞，我從電影《來跳舞吧》中獲得靈感，當天觀看完電影後，我立刻報名學國標舞，學習了近 10 年。我在各種活動和領域的嘗試都很自然，我不一定是因為喜歡某種東西，而是因為我認為可以嘗試一下，然後就堅持下去。

我每天都保持固定的學習節奏，每日花時間聆聽一本有聲書，而每週更加深入閱讀一本。此外，我每天也保持固定的運動習慣，包括跑步、騎腳踏車和瑜伽，這些已經成為我的日常生活的一部分。雖然有些人或許不將這些視為學習，但對我來說，它們已經變成了學習的一部分。

至於未來半年，我採取了一種「邊做邊學」的學習方法。舉例來說，我已簽約寫兩本書，而在撰寫這些書籍的過程中，我會隨時廣泛閱讀相關資料，以豐富我的內容和提供更多深度。此外，我每次講課時都會推薦大約 20 到 30 本書，鼓勵學生進一步閱讀，這也是一種學習方式。

最重要的是，學習不僅僅是吸收知識，更要有輸出。這些學到的知識和經驗最終轉化為書籍、課程或講座等形式，進一步幫助他人提升他們的能力。因此，學習和教學是相輔相成的，都在不斷提高和分享知識的過程中。

思維 Intellection®

有次當我受邀回台積電演講，卻因為忘記不能帶電腦進去而面臨了挑戰，讓我開始思考，我是如

何能在不用使用 PPT 的情況下，成功地傳達我的思想。

在演講過程中，我發現自己無法準確回憶 PPT 的內容，因爲我當初的筆記已經變得模糊。但當下我依然能夠清晰地表達出四到五個主要重點，這些是我深刻理解的核心觀念。當我事後回顧自己的 PPT 內容，我驚訝地發現，這些重點與 PPT 幾乎沒有關聯。

這次經歷讓我意識到，在準備演講或教授他人時，依賴電腦或 PPT 並不切實際。眞正關鍵的是，如何將知識整理得井井有條，不僅讓自己記得住，還要讓聽衆理解和記住。因此，我學會了將大量資訊濃縮成幾個關鍵重點，這樣更容易傳達給別人。

這個體驗也反映在我的書中。儘管書中有 16 章，但我知道，如果我需要在短時間內對別人進行演講，我無法一一詳述這些章節。因此，我會將整本書的核心理念總結成三個主要重點，這讓我能夠更有效地分享知識。

知識傳達並不僅僅依賴於技術，而是更多地取決於思考的邏輯和如何將複雜的想法簡單明瞭地呈

現給他人。這種能力已經成爲我的『思維』天賦的一部分，不僅幫助我自己更好地理解知識，也讓我更好地教授他人。

積極 Positivity®

在過去的某個時期，我經歷了一段充滿壓力和焦慮的日子。當時我在台積電工作，每天承受著巨大的工作壓力。這段時光持續了大約半年，每天晚上都到深夜 11 點或 12 點才入睡，並在僅睡 1 到 2 小時後醒來，覺得事情還沒完成。

一天，一位護士注意到了我的不對勁。我經常和她聊天，她是一位非常美麗的護士。她指出我最近的精神狀態不佳，甚至有點浮腫。她認爲這可能是由於過度的壓力所致，當時她沒有明確提到躁鬱症，但建議我諮詢心理醫生，並考慮服用一些藥物來幫助入睡。

我決定遵循她的建議，接受了心理醫生的幫助，並開始服用藥物。這些藥物幫助我改善了睡眠品質，並在心理上提供了一些支持。我接觸心理醫生時也讓我更瞭解自己，並意識到自己可能有躁鬱症的傾向。

這段經歷對我有著深遠的影響。它讓我學會了在生活中留白，不過度要求自己。我開始理解，每個人都有生活中的黑暗時期，而這段時間對我來說就是一個挑戰。這段經歷也使我更有同情心，並鼓勵其他人不要苛責自己。

　　我發現，如果一個人太忙碌，他可能無法充分表現出積極和正面的特質，因為他的心思被工作壓力所占據。如今，我透過刻意為自己留出寧靜的時間，更能夠保持積極和正向的態度。這段經歷教會我重視自己的心理健康，並以更平和的心態應對生活中的挑戰。

Sara 教練的優勢觀點

　　在閱讀郝哥的天賦報告以及進行一對一教練之前，我對他排名第一的『理念』天賦感到驚訝和好奇。然而，透過與他的深入交流和教練過程，我發現『理念』天賦確實是他最強大的驅動力，也是他能夠突破框架、扮演各種不同角色的關鍵。

　　他的『完美』天賦，經過生活的歷練，現在被用來

極大化追求留白和時間價值，這種追求非常獨特。留白的目的是為了獲得更多有趣和有價值的體驗，這也與他的理念天賦密切相關。

郝哥在『學習』天賦上的投入是值得借鏡的。他將這種天賦應用於輸出和幫助他人提升能力，這是非常有價值的。『學習』天賦突出的人通常專注於知識的吸收，但如果沒有相應的輸出和分享，就無法實現最大的效益。通過分享和教學，郝哥能夠將所學知識帶來更大的價值，既幫助自己又幫助他人。

每當參加郝哥的線上直播課程，他都能將複雜的內容整理成三大精要，通過金句和生動的故事來幫助聽眾理解和吸收。他運用『思維』天賦化繁為簡，而這正與他提到自己最擅長的三件事息息相關。

請分享一個過去印象最深刻的顛峰事件

這場顛峰時刻是一個非常特別且令人難以忘懷的體驗，當初出於出書的想法，卻演變成一場非凡的活動。這一場簽書會在我生命中占據重要地位，充滿了意義和溫暖。

在 2020 年，我出版了我的第一本書，這本財

務思維課的書籍並不是我原本規劃中的一部分。在發表書籍之前，我並不是一位知名的公眾人物，且在社群媒體上的存在感非常有限，當時也還沒有粉絲頁。然而，我在線上課程中得到了大大學院的支持，他們投放了大量的廣告宣傳，讓更多人認識我，並購買我的課程。這也為後來的書籍出版埋下了種子。

當我決定辦理這場簽書會時，我並不知道會有多少人參加，因為我缺乏大規模的粉絲基礎或知名度。然而，令人驚訝的是，報名人數像雪片一樣飛速增長，並幾乎爆滿。這對我來說是一個重大挑戰，因為我不僅要使這次簽書會變得與眾不同，還要確保參與者度過一段愉快而難忘的時光。

為了實現這一目標，我藉助創意和多樣性來豐富這次活動。我自己演奏二胡，邀請了一位世界級的大提琴音樂家作為伴奏，還有我的女兒和她的朋友表演舞蹈。這場簽書會超出了傳統簽書會的模式，成為一場多元化的派對，匯聚了音樂、舞蹈、友誼和家庭的元素。這場活動不僅滿足了參與者的期望，還讓他們度過了一個快樂且溫馨的午後。

最令我自豪的一點是，我的母親也來參加了這場簽書會，雖然她是一位非常害羞的人，但在這一刻，她也變得開朗而快樂。我向全場介紹了她，這是我個人和家庭的一個重要時刻，我們共同度過了這場盛會。

　　這次簽書會也聚集了許多好友，包括多年的朋友和專業領域的朋友，共同見證了這一特殊時刻。他們的支持和參與使這場活動變得更加豐富，並讓我感到非常感動和珍貴。

　　這場簽書會的成功是創意的表現。我將傳統簽書會重新定義，使之成為一個多元化的藝術和文化體驗，帶來歡笑、音樂和舞蹈。這是一個驚人的精采時刻，將無法忘記，並突破了我對自己和我的社交圈的預期。

Sara 教練天賦解析

郝哥排第一的『理念』天賦使他能夠別出心裁,將一場普通的簽書會轉變爲一場別開生面的多元派對。這種創新思維和獨特觀點讓他能夠打破傳統框架,將簽書會提升到更高的層次。如果沒有他天生的創意和創造力,很難創造出這種顛覆傳統思維的做法。

排第六的『交往』天賦使郝哥能夠利用自己的人脈和社交圈來獲得支持和協助。在這場活動中,他動員了許多朋友,無論是擔任服務嘉賓、表演者,還是普通來賓,他們都樂意幫助他。這顯示了他建立深厚關係的能力,這些不求回報的朋友都願意爲他貢獻,這樣的人脈網絡是他成功的一個關鍵因素。

透過這場活動,充分展現『關聯』天賦。郝哥不僅創建了珍貴的回憶,還建立了持久的關係。他利用這次機會在活動結束後邀請朋友們一起用餐,這餐後聚會的方式幫助他維持與朋友們的聯繫,並不斷擴大這些關係。這種持續的社交互動有助於擴展和延伸他的人際網路,使關係更加深入和持久。

郝哥的優勢教練經驗分享

　　教練的過程非常溫馨、細緻和豐富，理解自己的天賦，有助於掌握並釐清自己的生命方向，讓自己活出更有意義的人生，和更幸福和諧的關係。Sara 教練謝謝您，辛苦了！

郝哥的人生戰略方程式

學習和分享。
透過探索和好奇來增加生命的廣度和厚度，
再把做完的這些事和別人分享會令我非常開心。

理念® |完美® |學習® |
思維® |積極® |交往® |
體諒™ |適應® |搜集® |
關聯®

獨樂樂不如眾樂樂。
幫助別人把時間花得有價
值。

不後悔過去、不擔憂未來、好好過著每一個當
下，跟著身旁周遭的人去共同尋找自己生命活
著的意義。

Sara 教練對郝哥人生使命的優勢洞見

郝哥的『理念』和『學習』天賦賦予他無窮的學習和創新能量。透過他的『思維』能力，他能夠將抽象的概念以直觀的方式呈現，將複雜的事情簡單化，並以通俗易懂的方式與他人分享。同時，『完美』和『積極』天賦也驅動著他，透過樂觀正向的態度，幫助他人極大化時間的價值，進一步思考和探尋人生的意義。正因為這些天賦、熱情與價值的協同作用，推進他不斷地成長與往人生使命前進。

蔡佩靜 Sara 教練

愛賦真粹創辦人｜美國蓋洛普認證全球優勢教練

　　四年多前，我參加了蓋洛普教練課程，從那時起，我便深深愛上了優勢教練這條路。我發現自己極度喜愛透過教練的方式，幫助學員迅速發現他們天生擁有的天賦，並學會認識、欣賞以及運用自己的優勢。每當我看到學員經由教練過程而產生的生命轉變，我都感到深深的滿足。這種用自己的生命影響他人、帶來美好變革的旅程，讓我深信自己正在走在一條美麗助人的道路上。

 **Sara 教練**

三個簡短描述自己的詞語

- 講求效率
- 善良眞誠
- 喜愛自由

擅長的事情中三件做得最好的事

- 快速掌握重點和問題
- 幫助別人發現盲點和解決困惑
- 生活過得精采有趣

Sara 的前五天賦的運用分享

Sara 的前 10 大天賦分別為：

戰略 ™ ｜ 成就 ® ｜ 理念 ® ｜ 前瞻 ® ｜ 學習 ® ｜

完美 ® ｜ 思維 ® ｜ 交往 ® ｜ 責任 ® ｜ 統籌 ™

四大優勢領域中以『戰略思維』最為突出。

戰略 Strategic ™

在進行優勢測驗之前，我從未想過『戰略』會是我最突出的天賦。直到將它與過往好表現的經驗聯結起來，才發現我的思考和行為模式都極具戰略性。以從前做廣告企劃為例，當我身為產品的目標受眾時，我總是能夠精準掌握消費者的洞察和喜好，我的直覺判斷常常媲美市場調查的結果，這也在事後得到證實。

我常常依循直覺做出決策，不會花太多時間考慮各種方案。最佳解會迅速浮現在我腦海中，這讓我不太容易陷入選擇困難症。我清楚知道自己想要什麼，也懂得拒絕不必要的東西，這使我在購物或是做決定時，也能快速、果斷而準確地做出決策。

後來發現，我擅長看到事物的真相和本質，也能輕鬆地找出精確簡短的詞彙來形容一種狀態或現

象，直指核心，這其實就是『戰略』天賦的明顯特質。

成就 Achiever®

我曾經不自覺地過度使用這個天賦，甚至讓身體處於過度疲勞的狀態而不自知。過往，我常陷入過度追求完成感的陷阱，一再過分強調解決「to do list」清單，享受完成任務帶來的成就感。我很滿足於逐項標記完成的項目。然而，這種對完成的執著有時會導致我忽略休息，一心只想著完成下一項任務。

隨著我對自己的天賦有了更深的覺察，開始主動警覺過度使用『成就』天賦可能帶來的負面效應。我不斷提醒自己，努力去做每一件事情，但也需要給自己喘息的機會，不要太過嚴格地要求自己。後來我漸漸學會了在努力和放鬆之間取得平衡，不再過度逼迫自己去做太多事情，或是對未完成的事項過度沮喪。

理念 Ideation®

這是我很喜歡的天賦之一，因為它推動著我勇於嘗試新奇有趣的事物。我不喜歡一成不變的日

常，所以我在過去策劃的行銷活動中，總是會避免重複過去的策略，而是不斷地引入變化和創新。

每當這項天賦湧現，我總能獲得許多靈感，這些靈感幫助我擁有獨特的創新思維和行動方式。這讓我能夠突破既有的框架，以不同於眾人的方式做出決策和提出不同的方案。或許正因為這個天賦的存在，我在人生旅途上並未被世俗的觀點所左右，而是選擇追隨自己內心的興趣，走上一條與眾不同的道路。

對我來說，生命沒有標準答案，我們可以活出任何可能性，不應該有任何框架與限制，更不應該被外在所局限。這個價值觀或許也是『理念』天賦影響我深遠的關係之一。

前瞻 Futuristic®

在我心中，回想起小時候買的第一卷錄音帶，還有那首讓我著迷的歌曲《明天會更好》，突然明白這些與我的『前瞻』天賦息息相關。我從小便堅信著未來世界會變得更美好，值得我們去期待和努力追尋。

記得小學五年級時，爸媽帶我和弟弟去日本自

助旅行，當時喜歡的 Hello Kitty 到現在還是歷久不衰。在日本看到的精緻有質感的文具、服務等都開拓了我的眼界，讓我嚮往和羨慕這種高質感的可能性。這段經歷展現了『前瞻』天賦，讓我對未來充滿期待，渴望追求高質感和精緻的生活。

還記得大約十歲左右，我參觀了一場未來家電展覽，展示的 AI 智能家電讓我對未來充滿了無限幻想。同樣地，我對新創科技和全新商業模式也抱持極大的興趣。曾經，我甚至在轉職時期望能夠投身於新創公司，爲這個充滿無限可能的未來貢獻一己之力。

學習 Learner®

過去，我曾經天眞地認爲，對於學習的熱愛應該是每個人的共通點，然而，當我認識了蓋洛普優勢之後，才深刻體會到，這實際上是一項天賦，不是每個人都能夠眞正享受學習的過程。在某家公司工作時，我總是喜歡報名參加各種內外部的教育訓練，但有時卻被同事誤解爲是工作太閒或者是想偷懶，聽到這種回應眞的是很令人沮喪。

因爲對學習的熱愛，我常常參加各式各樣的課

程，從商業、行銷到數位趨勢，甚至到休閒的畫畫和藝文活動，只要我感興趣，都會毫不猶豫地報名參加。現在我自己創業，擁有更彈性的時間，可以隨心所欲地參加我喜愛的活動。這份對學習的熱情也讓我的生活充滿了豐富的內容，因此在別人眼中，我所過的生活似乎很多采多姿。

優勢教練角色的天賦運用

作為一位優勢教練，我自身突出的天賦群能讓我能夠更好地協助學員實現目標和追求成功。我擁有宏觀視野和『戰略』思維，能夠快速地識別出學員的盲點和關鍵要素，幫助他們建立明確的戰略，以實現他們的目標。我不僅看到眼前的挑戰，還能夠理解整個局勢，並提供有針對性的建議，使學員能夠更有效地應對困難。

此外，我的『理念』天賦引領我提供新穎的理念和觀點，幫助學員突破傳統思維的束縛。這種創新性思維可以激發學員的創造力，使他們能夠找到全新的解決方案，鼓勵學員不斷尋找跳脫框架的方式來應對挑戰。

這種『前瞻』性遠見也是我的優勢之一。我能夠帶領學員去描繪願景，提前掌握信息和趨勢，讓他們可以更有信心地面對未來。

分享一個過去印象最深刻的顛峰事件

回顧當時 20 幾歲在廣告公司擔任業務企劃主管的日子，每個月我都與客戶台灣區的總經理進行月報會議與提報。有一次，議題集中在廣告投放對業績的影響，客戶總經理表示對於廣告效果的質疑，認爲或許應該考慮減少或暫停一些廣告檔期。

當時，聽到這個提議讓我感到相當驚訝。然而，只憑感覺是無法說服客戶的，因此我決定在會議結束後主動採取行動。我提議客戶提供銷售數據的報表，以此和媒體曝光做一個具體的比對。

這是一個前所未有的挑戰，以往從未有人嘗試過這樣做。通常，客戶並不會將詳細的銷售數字透露給廣告公司，因此我們也沒有習慣性地取得報表。然而，由於我們需要分析廣告和銷售之間的關聯，客戶特別向第三方取得了銷售數據，而我也請媒體部門的同事幫助找出廣告檔期與銷售之間的關

係。

　　經過一番比對和分析後，我們發現廣告投放確實對銷售產生了正面影響。尤其是在特定的廣告檔期，不僅促進了銷售，還維持了品牌的知名度和能見度，讓品牌在市場上保持一定的聲量，避免被消費者遺忘。

　　隨後，客戶總經理決定繼續投資該產品的廣告，並且撰寫了一封信給我所在廣告公司的總經理，稱讚這份報告是他在台灣公司以來看過的最出色簡報之一。最終，這個努力讓我獲得升職加薪的機會，也證明了透過數據和分析，我們能夠更好地解讀廣告的價值和影響。

Sara 教練天賦解析

『戰略』天賦的發揮是這次成功的關鍵之一。我能夠快速而精準地理解問題的核心，並且在極短的時間內制定出應對方案。當客戶對於廣告效果提出質疑時，我沒有僅僅停留在驚訝的情緒，而是積極採取行動。通過提議客戶提供銷售數據報表，我能夠為分析提供所需的資料基礎，透過數據來做決策。

這次成功的經驗也涉及到創新，這是『理念』天賦的展現。我們透過未嘗試過的方式進行數據分析，這種新的方法在報告內容中得到了體現。我將數據分析與廣告效果相結合，展示了一個前所未有的分析面向，從而為客戶提供了全新的視角和洞察。

在這次經驗中，資料的搜集和分析涉及多個方面的協同合作，包括客戶提供數據和媒體部門的協助分析。這也展現了我的『統籌』天賦的表現。我能夠有效地協調不同部門的資源，確保資料的及時搜集和準確分析，最終實現了這個令客戶滿意的報告。

Sara 的人生戰略方程式

讓世界的運轉更有效率。

戰略 ™｜成就 ®｜理念 ®｜　　　共好、賦能、自由。
前瞻 ®｜學習 ®｜完美 ®｜
思維 ®｜交往 ®｜責任 ®｜
統籌 ™

協助成長型思維的人，以最短的路徑打開他們
隱藏的優勢和盲點，通往閃閃發光的道路。

Sara 教練人生使命自我解析

我做事很注重效率，這些偏好和習慣絕對和自己排名第一的『戰略』天賦脫離不了關係。因爲不喜歡浪費時間，所以對於幫助他人能夠在最短時間之內提升能力這件事非常有熱情。

共好和自由的價值觀有很大的一部分是受『前瞻』天賦的驅動，因爲我相信未來世界並非零和遊戲，大家不需要透過競爭來證明自己或搶奪資源，每個人都有能力和選擇的自由來過自己想要的生活，透過我『學習』、『交往』的力量來幫助有共同目標的人一起變更好。

正因爲這些天賦、熱情和價值的交集，我找到自己的人生使命和燈塔——那就是來幫助大家成爲自己的那道光，讓每個人閃閃發光。

結語

致親愛的讀者

看完前面的篇章和以上的 9 個專業人士案例分析，我希望你也能有所啟發，開始思考自己的人生戰略方程式。這些案例提供了許多有趣而深刻的見解。我們甚至可以看到，即使擁有相同的天賦，不同的人也能以各自獨特的方式展現出來。這讓我們更深入地瞭解各種天賦、熱情和價值觀如何塑造一個人的人生使命。

但切記，每個人的人生戰略方程式都是獨一無二的，別人的成功是無法複製與模仿的，我們必須尋找出屬於自己的成功方程式。現在，是時候回顧、思考、探索你自己的內在，並找出你的特點與獨特使命。

首先，試著盤點自己的天賦。思考你擅長的事情，你在其中表現出色的領域。是否有某些技能或特質讓你在這些領域脫穎而出？這些可能就是你的天賦所在。

當然，最簡單的方法是參與蓋洛普優勢測驗，這將立即解密你的獨特天賦ＤＮＡ。透過仔細閱讀你的個人報告，將發現報告中的天賦描述是根據你在測驗中的回答而量身訂做的。即使是相同的天賦主題，你的前五大天賦描述也會因為個人差異而獨具特色。因此，請務必仔細研讀屬於你的專屬天賦使用說明書。

　　此外，你也可以嘗試回顧自己過去最值得自豪的高峰時刻，詳細回憶當時所面臨的挑戰和困難，以及自己是如何一步步克服它們，最終成功完成任務的。思考一下當時他人對你的稱讚和欽佩，以找出這些成功與你的天賦之間的關聯性，這些將是專屬於你的成功方程式，絕對令人驚喜。

　　接下來，思考你的熱情所在。什麼事情讓你充滿動力和興趣？哪些活動或領域讓你感到快樂和充實？你的熱情通常會指引你朝著一個方向前進。

　　然後，思考一下你的價值觀和你能為他人帶來的價值。你關心什麼？有哪些價值觀是你絕不妥協的？同時，考慮一下你如何能夠幫助他人，為他們創造價值。

最後，試著找到這些元素的交集點。你的天賦、熱情和價值可能會在某些領域相互融合，你將會找到自己既擅長、有熱情，又能帶給他人價值的獨特使命。這個使命可以指引你的生活方向，讓你的每一天、每一步都充滿意義。

　　不要急著尋找答案，這是一個持續的過程。但我鼓勵你開始思考，並在日常生活中保持敏感，以找到那個獨特的人生方程式。用以終為始的方式，精采地度過這段人生旅程。

　　祝福你找到屬於自己的人生使命和燈塔！

Sara 教練

如果想持續看到 Sara 教練的日常優勢分享、優勢小教室與最新優勢活動，歡迎上 Sara 教練官網 saratsai.com 於下方或免費資源區訂閱免費電子週報，持續掌握最新優勢動態。

　　也歡迎購買本書的讀者加入人生戰略方程式讀者 club Line 社群，一同交流與分享屬於你們的人生戰略方程式。通關密碼 8888

＿＿＿＿＿＿ 的人生戰略方程式

Step 2. 找出你的熱情是什麼？

Step 1. 寫出你的天賦有哪些？

Step 3. 思考什麼是你可以解決
的問題和帶給他人的價值？

Step 4. 將天賦、熱情、價值的交集點盤點出來，
寫下帶給你生命意義與貢獻的人生使命。

Sara 教練製表

_____ 的人生戰略方程式

Step 2. 找出你的熱情是什麼？

Step 1. 寫出你的天賦有哪些？

Step 3. 思考什麼是你可以解決
的問題和帶給他人的價值？

Step 4. 將天賦、熱情、價值的交集點盤點出來，
寫下帶給你生命意義與貢獻的人生使命。

_____ 的人生戰略方程式

Step 2. 找出你的熱情是什麼？

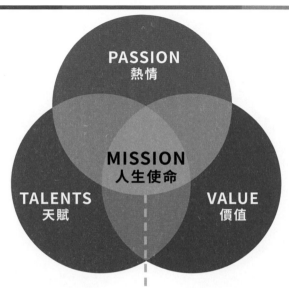

Step 1. 寫出你的天賦有哪些？

Step 3. 思考什麼是你可以解決
的問題和帶給他人的價值？

Step 4. 將天賦、熱情、價值的交集點盤點出來，
寫下帶給你生命意義與貢獻的人生使命。

＿＿＿＿＿ 的人生戰略方程式

Step 2. 找出你的熱情是什麼？

Step 1. 寫出你的天賦有哪些？

Step 3. 思考什麼是你可以解決
的問題和帶給他人的價值？

Step 4. 將天賦、熱情、價值的交集點盤點出來，
寫下帶給你生命意義與貢獻的人生使命。

＿＿＿＿＿ 的人生戰略方程式

Step 2. 找出你的熱情是什麼？

PASSION
熱情

MISSION
人生使命

TALENTS
天賦

VALUE
價值

Step 1. 寫出你的天賦有哪些？

Step 3. 思考什麼是你可以解決
的問題和帶給他人的價值？

Step 4. 將天賦、熱情、價值的交集點盤點出來，
寫下帶給你生命意義與貢獻的人生使命。

Sara 教練製表

_____ 的人生戰略方程式

Step 2. 找出你的熱情是什麼？

Step 1. 寫出你的天賦有哪些？

Step 3. 思考什麼是你可以解決
的問題和帶給他人的價值？

Step 4. 將天賦、熱情、價值的交集點盤點出來，
寫下帶給你生命意義與貢獻的人生使命。

Sara 教練製表

＿＿＿＿＿ 的人生戰略方程式

Step 2. 找出你的熱情是什麼？

Step 1. 寫出你的天賦有哪些？

Step 3. 思考什麼是你可以解決
的問題和帶給他人的價值？

Step 4. 將天賦、熱情、價值的交集點盤點出來，
寫下帶給你生命意義與貢獻的人生使命。

_____ 的人生戰略方程式

Step 2. 找出你的熱情是什麼？

Step 1. 寫出你的天賦有哪些？

Step 3. 思考什麼是你可以解決
的問題和帶給他人的價值？

Step 4. 將天賦、熱情、價值的交集點盤點出來，
寫下帶給你生命意義與貢獻的人生使命。

國家圖書館出版品預行編目 (CIP) 資料

人生戰略方程式 - 升級升維你的閃亮人生 啟動天賦 ×
點燃熱情 × 創造價值 >> 活出人生使命 Life Strategy
Equation: Talent x Passion x Value >>Mission / 蔡佩靜
Sara Tsai 著 . -- 初版 . – 新北市：耕己行銷有限公司，
民 113.05
336 面 ; 14.8×21 公分
ISBN 978-626-96182-6-2（精裝）

1. CST: 潛能開發 2. CST: 自我實現 3. CST: 成功法

177.2   113005199

人生戰略方程式

升級升維你的閃亮人生

啟動天賦 × 點燃熱情 × 創造價值 >> 活出人生使命

作　　者／蔡佩靜 Sara Tsai
出版企劃／鄧心彤
執行編輯／曾鈺淳
封面設計／胡秉芸、郭奕亨
版式設計／林慧玟
人物插畫／塗至道 Gary Tu
人物攝影／檸檬巷館 Lemon Studio
校　　對／許晶翎
排　　版／謝青秀

發 行 人／鄭豐耀
總 編 輯／鄧心彤
出 版 者／耕己行銷有限公司
法律顧問／誠驊法律事務所　馮如華律師
版　　次／初版一刷
Ｉ Ｓ Ｂ Ｎ／978-626-96182-6-2
　　　　　978-626-96182-5-5 (EPUB)
定　　價／新台幣８８８元